투자의 감각

투자의 감각

이명로(상승미소) 지음

시장이 보내는 위기와 기회의 신호를 포착하는 비결

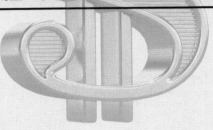

INVESTMENT AND SENSE

비즈니스북스

투자의 감각

1판 1쇄 발행 2022년 8월 12일
1판 4쇄 발행 2022년 10월 6일

지은이 | 이명로(상승미소)
발행인 | 홍영태
편집인 | 김미란
발행처 | (주)비즈니스북스
등 록 | 제2000-000225호(2000년 2월 28일)
주 소 | 03991 서울시 마포구 월드컵북로6길 3 이노베이스빌딩 7층
전 화 | (02)338-9449
팩 스 | (02)338-6543
대표메일 | bb@businessbooks.co.kr
홈페이지 | http://www.businessbooks.co.kr
블로그 | http://blog.naver.com/biz_books
페이스북 | thebizbooks
ISBN 979-11-6254-290-3   03320

비즈니스북스는 독자 여러분의 소중한 아이디어와 원고 투고를 기다리고 있습니다.
원고가 있으신 분은 ms1@businessbooks.co.kr로 간단한 개요와 취지, 연락처 등을 보내 주세요.

제3장 종목을 찾아내는 상상력을 키워라

_ 종목 선정의 기술

제4장 전문가가 아닌 나의 판단력을 믿어라

_시간과 시장이 검증한 투자 원칙

어쩌다 깡통, 그리고 시작된
내 인생의 마지막 투자 공부

2022년 상반기, 주식투자자들의 속은 까맣게 타들어가고 있다. 팬데믹 기간 동안 뜨겁게 달아올랐던 주식시장은 본격적인 금리 인상 및 러시아 전쟁과 함께 그 열기가 싸늘하게 식어가면서 공포와 패닉의 기운이 가득하다. 뒤늦게 주식시장에 뛰어든 이들은 너나 할 것 없이 밤잠을 설치고 있다.

필자도 대학 졸업 후 직장생활을 시작하던 1996년 처음으로 주식투자를 시작한 후 수차례의 투자 실패기를 써나가며 기나긴 어둠의 터널을 헤맸다. 그 과정에서 인생의 방향도 바뀌게 되었다.

기간만 따진다면 벌써 26년째 주식투자를 하고 있다. 그러나 본격적으로 주식투자에 참여한 것은 2019년 유튜브를 시작한 이후다. 그전의 투자는 공부를 통해 준비된 투자가 아닌, 운과 감에 기댄 치기 어린 투자였기 때문이다. 2019년을 본격적인 투자의 시작으로 보는 또 다른 이유는 투자금액 때문이다. 2019년 이전까지의 주식투자 금액은 직장인 투자자들과 별반 다르지 않았다. 하지만 2019년 필자는 살던 집을 반전세로 돌리면서 얻은 목돈과 정기예금을 합해서 꽤 큰돈으로 본격적인 투자를 하게 되었다.

과거 세 번의 투자 실패 후 절치부심하며 배우고 익힌 투자법으로 진짜 승부에 나선 것이다. 지난 4년여의 시간 동안 불어난 투자금만큼이나 투자에 대한 고민도 커졌고, 그 과정에서 많은 것을 느끼고 배웠다.

주식투자는 매수인과 매도인의 심리 게임과 같다. 파는 사람이 있어야 사는 사람이 있다. 매수자와 매도인은 매번 뉴스와 소문 등을 유리하게 해석하기 위해 치열한 머리싸움을 벌인다. 같은 뉴스와 상황을 보고도 어떻게 판단하느냐에 따라 매도할 수도 있고, 반대로 매수할 수도 있다. 안타깝지만 매도인과 매수인이 모두 승리할 수는 없다. 잘 판 사람과 잘못 산 사람, 잘못 매도한 사람과 매수에 성공한 사람으로 갈리게 마련이다. 이렇게 찰나의 결정에 의해 수익과 손실이 결정되고, 작은 수익과 큰 수익이 갈리는 곳에서 우리는 '판단력'과 '관점'을 제대로 유지할 수 있어야 한다.

남들이 알고 있는 사실은 이미 시장 가격에 모두 반영되어 있다. 뉴스화된 이야기, 유튜브 방송에서 들었던 이야기, 지인들이 "너만 알고 있어."라며 들려준 정보는 이미 시장 가격에 그대로 포함되어 있다. 이는 '살아 있는 정보'가 되지 못한다. 그래서 오로지 사람들이 모르는 정보, 알고 있지만 다르게 생각할 수 있는 나의 '판단력'과 '상상력'만이 수익에 보탬이 될 수 있다.

남들이 잘 모르는 정보를 선점하기 위해서는 어떻게 해야 할까? 검색 능력을 길러야 할까? 아니다. 모바일과 초고속 인터넷으로 무장한 현대 디지털경제 사회에서 정보의 비대칭은 그리 크지 않다. 그보다는 오히려 '뉴스 속의 숨은 팩트를 찾아내 새롭게 해석하는 관점'과 '보이지 않는 것을 볼 수 있는 상상력'이 더 필요하다. 필자는 이것을 '경제적 창의력'이라고 말한다. 이런 창의력을 기르기 위해서는 지식이 필요하고, 그 지식을 이성적으로 활용할 수 있는 멘탈 관리가 중요하다. 건강한 육체에 건강한 정신이 깃들 듯 공포와 두려움에 대처하는 마음 관리도 투자수익률을 올리는 데 있어 중요한 요소이기 때문이다.

이 책은 본격적인 주식투자 기간 동안 확신을 갖게 된 경제적 창의력을 바탕으로 한 실전 투자 지식을 담고 있다. 뉴스와 이슈 그리고 트렌드를 어떻게 해석해야 하는지부터 종목 선정의 기준과 매수·매도에 대한 경험까지, 이론과 논리로는 전부 해석되지 않는 경험을 바탕으로 체득한 살아 있는 지식을 담고자 노력했다.

투자를 하는 것은 '내가 인간이 되어가는 과정'이라고 느낄 정도로 인내심과 수행을 요구하는 과정이라고 생각한다. 그 숱한 시행착오와 갈등을 극복하는 과정에서 다져온 나만의 투자 원칙과 노하우가 독자 여러분에게도 도움이 될 수 있도록 최선을 다했다. 이 책이 수많은 개미 투자자들에게 힘과 용기를 드릴 수 있기를 기대한다.

2022년 8월

이명로(상승미소)

제1장

왜 투자에
경제적 창의력이 중요한가

_투자의 미래를 바꿔줄 필살기

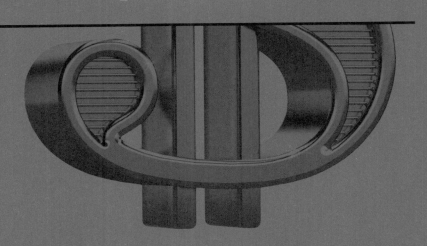

첫 투자에서 500만 원으로 3개월치 월급을 벌다니!

만약 투자금이 5,000만 원이었다면

2년치 연봉을 벌 수 있었다는 건가?

누구나 한번쯤은 주식투자에서 수익을 내는 기쁨을 맛본다.

하지만 운에 기댄 성공은

반드시 그 수익보다 더 큰 대가를 치르게 한다.

주식투자로
강남 아파트 한 채 값을
날려 먹다

"빵으로 드릴까요? 밥으로 드릴까요?"

1989년 4월의 어느 날 남영동 경양식집. 재수한 후 서울로 유학을 온 필자는 얼떨결에 숙명여대 학생들과 미팅을 하게 되었다. 우리는 커피숍에서 만나 서로의 파트너를 정한 후 각기 헤어졌다. 나와 파트너가 된 그녀는 남영동의 어느 작은 경양식집으로 나를 데려갔다.

난생처음 경양식집에 가게 된 나는 어떻게 주문을 해야 할지 몰라서 순간 당황했다. 이럴 때는 잠자코 있다가 상대가 주문하는 대로 따라 하는 게 좋은 방법이다. 그녀는 돈가스를 주문했고 나도 그녀를 따라 돈가스를 주문했다. 문제는 그다음이었다. 주문이 끝났다고 생각한 나는 잠깐 화장실에 다녀왔는데 웨이터가 나에게 또 다가오는 게 아닌가.

"손님, 밥과 빵 중 어느 걸로 하시겠어요?"

"네? 저 돈가스 시켰는데요."

내 대답이 끝나자 그녀의 얼굴은 완전히 굳어졌다. 잠시 후 잠깐 화
장실에 다녀온다며 자리를 비운 그녀는 그 길로 영영 돌아오지 않았다.

개그 프로그램에나 나올 법한 이 미팅 이야기는 부끄럽지만 100%
'리얼'이다. 사실 필자는 돈가스라는 것이 무엇인지 그날 처음 알았을
정도로 촌놈이었다. 국민학생(지금의 초등학생) 시절, 겨울방학 때 점심은
무조건 삶은 고구마였을 정도로 가난하게 자랐으니 돈가스를 경험했을
리 없었다. 커피숍도 미팅 당일 간 게 처음이었고 당연히 커피도 그날
처음 마셔봤다.

첫 번째 미팅에서 개(?)망신을 당한 이후 필자는 두 번 다시 미팅을
하지 않았다. 돈도 없었지만 바닥을 친 나의 자존감 탓에 더는 그런 창
피를 당할 자신이 없었다. 그날 이후 내 인생의 목표는 단 한 가지 '부자
가 되는 것'이었다.

500만 원으로 3개월치 월급을 벌다

고등학생 시절 필자는 주말마다 농사짓는 게 싫어서 대학은 무조건
서울로 가야 한다고 결심하고는 열심히 공부했다. 전공을 경영학으로
정한 것도 바로 그런 이유에서다. 경영학을 공부해야 월급을 많이 주는

회사에 들어갈 수 있다는 말을 들었기 때문이다.

하지만 직장인 월급만으로 부자가 되는 것은 그때나 지금이나 아주 특별한 경우를 제외하고는 불가능했다. 사업을 하거나 재테크를 하지 않고서 부자가 되기는 힘들었다. 당시에는 부동산 투자도 쉽지 않았다. 지금이야 중도금 대출이나 전세자금 대출 등이 있지만 IMF 외환위기 전까지는 그런 것도 없었다. 마이너스 대출 1,000만 원도 보증인이 필요했으니 신용대출은 꿈도 못 꿀 일이었다.

그런 상황에서 필자가 선택한 재테크는 주식투자였다. 금융회사가 첫 직장이었던 터라 남들보다 주변 환경도 좋은 편이었다. 그래서였을까? 투자만 하면 돈을 많이 벌어 금세 차도 사고 집도 살 수 있겠다는 희망에 부풀었다. 하지만 그것은 내 인생의 방향을 송두리째 바꿔놓았다. 과거로 돌아갈 수 있다면 그때 절대로 주식투자를 하지 않았을 것이다. 그만큼 큰일이 내 인생에서 벌어지게 된다.

출발은 좋았다. 당시 회사 주식 운용 담당 선배와 친했기 때문에 다른 사람들보다 정보가 많았다. 자신감이 생긴 필자는 아내 몰래 만들어둔 500만 원 한도의 마이너스 통장에 있는 돈을 기초자산으로 그 선배가 알려주는 종목을 매매하기 시작했다. 그런데 몇 달도 안 돼서 그 돈은 1,000만 원으로 불어났다. 당시 종금사 연봉이 2,000만 원, 현대자동차의 대리급 직원 연봉이 약 2,000만 원이었음을 감안한다면 6개월도 안 되는 기간 동안 500만 원으로 3개월치 월급을 벌어들인 셈이다. 그렇게 돈이 귀한 시기에 단숨에 500만 원을 벌었으니 얼마나 기세등등했겠는가.

만약 투자금이 5,000만 원이었다면 6개월 동안 2년치 연봉을 벌 수 있었다. 이런 이론은 초보자들이 항상 하는 실수다. 필자는 지금도 이렇게 말하곤 한다. "100만 원으로 주식투자를 하면 절대 잃지 않을 수 있다. 하지만 투자금액을 1억 원으로 늘리면 상황은 완전히 달라진다." 주식투자를 이론이나 숫자로 하는 것이라는 생각은 금액이 늘어나면서 무참히 깨지게 된다. 아무튼 그 당시 필자는 운이 좋아서 투자에 성공했다는 걸 깨닫지 못한 채 한껏 차오른 자신감에 여기저기 돈을 구하러 다녔다. 그렇게 필자 역시 수많은 사람이 범하는 투자 실패의 길로 들어서게 되었다.

IMF에서 코스닥 버블까지, 처참히 깨지다

"몇 달 만에 석 달치 월급을 벌었다고? 정말이야?"

당시 울산 현대자동차에 근무하던 둘째 형님은 나의 제안에 선뜻 4,000만 원을 빌려주었다. 투자에 자신감이 붙은 필자는 한껏 들떠 있었다. '이제 끝났다. 이 돈으로 신용까지 사용하면 투자금이 1억 원 정도가 되니 부자가 되는 것은 시간문제다.' 곧바로 동서증권에 있는 지인을 찾아가 신용계좌를 열었다. 그렇게 필자의 '주식투자 인생 1라운드'가 시작되었다.

아직까지도 그 종목을 잊을 수가 없다. 바로 '내외반도체'다. 1997년 당시는 IMF 외환위기의 징조가 도사리고 있었을 때다. 필자가 담당했던 해태그룹과 기아자동차 등이 부도로 어려워진 상황이었는데도, 다른 기업이 망할 수 있다는 생각은 하지 못했다. 내 종목만은 문제가 없을 것이라는 초긍정 희망 회로를 돌리고 또 돌렸다.

어느 날 내외반도체가 이틀 연속 하한가를 쳤다. 3일째 하한가가 풀리면서 거래량까지 터지자 고심을 거듭한 끝에 전량 매도를 했다. 당시 회수한 돈은 4,000만 원 중 겨우 1,000만 원에 불과했다. 지금이야 3,000만 원이 그리 크게 느껴지지 않지만 당시 필자가 분양받았던 25평 아파트의 분양가가 8,700만 원이었음을 감안한다면 3,000만 원은 너무나 큰돈이었다.

문제는 아내 몰래 형님에게 빌린 돈을 해결해야 한다는 것. 다시 대출을 받아서 투자에 도전할 용기는 없었다. IMF 외환위기로 거의 모든 주식이 나락으로 떨어져 절호의 투자 기회가 왔지만 더 이상은 용기가 나지 않았다. 감당할 수 없을 정도의 큰돈을 날리고 보니 주식투자가 무서워지기 시작했다. 그렇게 낙심의 나날을 보내며 어떻게 빚을 갚아야 할지 고민하던 와중에 새로운 희망이 찾아왔다. 그것은 바로 1999년 미국 나스닥의 닷컴 버블에서 시작된 코스닥 시장 열풍이었다.

당시 김대중 정부는 외환위기를 극복하기 위해 IT산업 육성정책에 집중했고, 당연히 코스닥 시장은 거대한 버블을 만들어가기 시작했다. 많은 사람이 장외주식투자에 나섰고, 그렇게 투자한 주식이 코스닥에 상장되면서 상한가 행렬이 이어졌다. 금융회사에서 일하다 보니 상대적으로 대출이 쉬웠던 필자는 그 기회를 놓칠 수 없었다. 당시 '주성엔지니어링'과 'KT프리텔' 장외주식을 사두었다.

그중 KT프리텔(현재는 KT와 합병)은 거의 2주 가까이 상한가를 치는 기염을 토했다. 드디어 지난 실패를 만회할 기회를 잡았다는 생각에 흥분하기 시작했다. 하지만 그런 기쁨도 잠시, 2000년 나스닥 버블이 꺼지면서 나의 부푼 꿈도 함께 사라졌다. 그나마 형님에게 빌린 돈은 갚았지만 필자 명의로 은행에서 빌린 돈은 그대로 남아 있었다. 결과적으로 보면 대출금으로 형님에게 진 빚을 갚았던 셈이다. 그렇게 '주식투자 인생 2라운드'도 처참히 끝이 났다.

이후 필자가 기댈 곳은 로또밖에 없었다. 코스닥의 버블 붕괴 이후 세 번째 주식투자를 하기 전까지 필자는 매주 토요일 오전, 상계동의 로또 판매점에 줄을 섰다. 그곳은 지금도 매주 토요일 오후가 되면 100미터 이상의 긴 줄이 늘어서는 이른바 '로또 명당'이다. 거의 3년 동안 매주 로또에 1만 원씩 투자했지만 결과는 매번 꽝이었다.

로또 당첨 확률보다 주식투자 성공 확률이 더 높겠다는 생각에 세 번째 투자를 위한 준비를 시작했다. 이전과는 달리 투자 전에 책을 읽으며 공부했다. 전설적인 위대한 투자자들의 전기에서부터 거시경제학과 차트 분석 책까지 닥치는 대로 읽어나갔다. 그러던 중 드디어 기회가 왔다.

세 번째 투자 실패, 결과는 이미 정해져 있었다

이제 필자의 인생 경로가 바뀐 '주식투자 인생 3라운드' 이야기를 할 때가 되었다. 그 무렵 은행 대출금을 퇴직금으로 일부 변제할 결심으로 아예 종금사를 그만두고 벤처기업으로 옮겼다. 그곳에서 기회를 모색하는 것이 주식투자보다 나을 것 같았다. 비상장 기업에서 일하며 기회를 엿보다 회사가 상장할 때 우리사주로 대박을 치자는 생각이었다.

하지만 역시 실패로 돌아갔다. '결국 내가 돈을 벌 수 있는 방법은 주식투자밖에 없는 건가.' 마침 코스닥이 붕괴된 이후 5년이 지난 2005년경, 코스닥 시장은 미국 나스닥 시장의 반등과 함께 희망을 보여주기 시작했다. 필자 역시 이번에는 지난 두 번의 실패를 반복하지 않을 거라는 희망과 자신이 생겼다. 책을 통해 투자의 기본기를 다지기도 했고, 대학 동기나 선배들이 M&A 사업이나 코스닥 IPO 관련 업무를 많이 하고 있어서 그들에게 더 빠르고 정확한 정보를 들을 수 있었다.

주식투자에 실패하는 사람들의 이야기에서 빠지지 않는 레퍼토리가 있다. 바로 '운을 실력으로 알고 있다'는 것이다. 필자도 그랬다. 처음에는 책에서 배운 대로 회사 가치를 점검하고 매매 원칙을 세우면서 투자했지만 수익이 늘어나자 어느새 달라지기 시작했다. 기업정보 분석이 아닌 정보와 차트로 운 좋게 수익을 낸 경험을 실력으로 생각했다.

2000년 코스닥 붕괴와 2006년 이후 주식시장 하락 국면에서 우리 시장에 가장 크게 영향을 미친 것은 미국을 비롯한 글로벌 거시경제 상황이었다. 이러한 환경 변화를 인지하지 못한 상황에서 필자는 더 큰돈을 빌렸고 신용까지 써서 마지막 승부를 낼 생각이었다. 실패는 이미 정해진 셈이었다. 2006년 코스닥 시장이 빠르게 식어가면서 필자가 날린 돈은 3억 원가량이었다. 당시 아파트 두 채가 있었는데 주식투자로 그것을 다 날렸다. 주식투자를 쉽게 생각하고, 아무런 준비나 공부 없이 덤벼든 대가치고는 너무나 참혹했다.

월급으로는 대출금을 갚아야 하는 상황이었기에 생활비 대기도 빠듯했다. 급기야 500만 원을 빌리기 위해 친구를 찾았고 요즘 말로 '현타'를 받았다. "명로야, 이번 달은 이렇게 메꾼다 치고 다음 달은 어떻게 할 거야?" 그 순간 친구의 질문에 아무 말도 하지 못했다. 내 처지를 안타깝게 여긴 친구는 내게 자신이 하고 있는 보험 영업을 하면서 새로운 기회를 찾아보라고 권했다. 그렇게 나는 단 한 번도 생각해보지 않았던 보험 영업의 길로 들어섰다. 치기 어린 주식투자가 인생의 경로를 완전히 바꾸어놓은 것이다.

경제 칼럼니스트에서 주식투자자가 되다

2008년 필자는 당시 '미네르바'로 유명해진 아고라에 글을 쓰고 있었다. 사실 아고라를 알게 된 것도 우연이었다. 2006년 주식시장에서 강제 퇴출당한 후, 지난 투자의 실패 원인을 미국시장의 영향에서 찾았다. 전 세계 경제에서 유통되는 돈의 2/3 이상은 달러였기에 미국 경제의 상황이 주식시장에 그대로 반영되어 있었던 것이다. 미국이 기축통화인 달러를 무기로 세계 경제의 흐름을 좌우하고 있는 상황에서 글로벌 거시경제에 관한 공부를 하지 않고 주식투자를 한다는 것은 실패를 예약하고 시작한 셈이었다.

이후 2006년부터는 독서의 방향을 바꿨을 뿐 아니라 한국 신문보다 미국의 주요 언론과 유명 블로거들의 글을 더 많이 읽기 시작했다. 그 지식은 자연스럽게 보험 영업에도 도움이 되었다. 보험 영업을 시작하면서 남들과는 다른 영업 방식을 고민하던 중이었는데 만나는 사람들에게 매주 월요일 아침 '주간 글로벌 경제브리핑'을 메일로 보내기 시작했다. 그렇게 시작된 메일이 아고라로, 아고라에서 책으로, 현재는 유튜브까지 이어지고 있다.

주식투자의 관점을 바꾸니 수익률도 달라졌다

2008년 새해, 세계 주요 언론이나 블로거들은 미국 부동산시장의 위기 가능성을 거론하기 시작했다. 나스닥 버블 붕괴와 알카에다 테러 사태로 악화된 경제를 활성화하기 위해 오랫동안 저금리를 유지하면서 미국 부동산시장에 거품이 형성되었기 때문이다. 이를 막아내기 위해 당시 앨런 그린스펀Alan Greenspan 연방준비제도(Federal Reserve, 이하 Fed) 의장은 적극적으로 금리 인상을 단행했다. 그리고 서브프라임 모기지라는 부실 대출로 인한 대규모 손실이 눈앞에 닥쳐오며 더욱 가속화되었다. 이런 정보를 꾸준히 메일로 보내고 있던 중 필자의 글을 받아보던 한 분이 아고라에 글을 실어보라고 권해주었다. 그 이후 필자는 '상승미소'라는 필명으로 아고라에 글을 올리기 시작했고, 큰 주목을 받으며 여러 권의 베스트셀러를 펴낸 경제칼럼니스트로 활동하게 되었다.

당연히 주식투자도 다시 시작했다. 지난 세 번의 실패를 복기하며 그

때와는 완전히 다른 투자 방법으로 접근했다. 우선 투자금액을 1억 원으로 한정했다. 두 번째는 미국 거시경제 상황을 가장 중요하게 생각했다. 미국 경제의 변수, 특히 통화량 변화에 집중하며 그 흐름에 민감하게 대응했던 것이다. 세 번째는 지수와 우량주 위주의 장기투자를 지향했다.

과거 주식투자의 목표는 그저 '부자가 되는 것'이었다. 그러나 경제 칼럼니스트가 된 이후에는 부자가 아닌, '열심히 일해서 번 돈을 늘리자'로 바꾸었다. 그렇게 투자 방향을 정하고 나니 증시 상황에 실시간 민감하게 반응하지 않게 되었고, 한방을 노리는 위험한 투자도 하지 않게 되었다. 당연히 대박은 없었지만 쪽박도 없었고 연 10% 이상의 꾸준한 수익을 유지했다.

세상을 읽어내는 나만의 판단력을 기르다

위의 세 가지 투자법과 함께 중요시했던 것은 무턱대고 종목을 찾지 않는 것이다. 과거에 종목을 선정할 때는 지인을 통한 정보와 '~가 좋다더라'라는 '카더라' 식의 소문, 신문기사 등에 의존했다. 그러나 경제 칼럼니스트가 된 후에는 생각을 완전히 바꿨다.

2009년 이후 스마트폰이 등장하면서 과거처럼 정보를 빨리 입수하는 것이 큰 의미가 없다고 판단했다. 글로벌 경제정보가 실시간으로 전달되는 상황에서는 그 정보를 '어떻게 해석하느냐'가 더 중요하다고 생각했던 것이다. 모바일 네트워크 세상에서는 내가 아는 정보는 이미 다들 알고 있을 뿐 아니라, 그 정보도 실시간으로 주가에 반영되고 있었기 때문이다. 그러므로 해당 뉴스가 영향을 미치는, 보이지 않는 어떤 것을 찾아내는 판단력이 중요함을 깨달았다.

스마트폰이 나오자마자 국내 네비게이션업체들은 도산했고, 모바일 게임업체들이 크게 성장하면서 승승장구한 것도 같은 이치다. 반도체와 네트워크 기술의 발달은 새로운 비즈니스 영역이나 기술의 탄생을 이끌어냈다. 그것은 따로 떨어진 것이 아니라 연결되어 있었다. 과거에는 전혀 다른 분야로 여겨지던 산업이나 기업, 기술이 서로 물고 물리면서 연결되는 세상에 전에 없던 새로운 산업이 만들어지기 시작한 것이다.

주식투자에도 상상력은 가장 강력한 무기다

투자를 위해서는 내가 모르는 것, 보이지 않는 것을 볼 수 있는 상상력이 필요했다. 상상력은 무無에서 유有를 창조하는 것이 아니다. 인간이 새를 보지 못한 채 비행기를 상상할 수 없는 것처럼 비행기를 보지 못한 채 우주선을 상상하기는 어려웠을 것이다. 이처럼 상상력은 새로운 지식과 주변의 정보를 가득 채워가면서 사고의 변화를 꾀할 때 만들어진다.

주식투자에서도 이를 제대로 활용하면서 수익이 극대화되었다. 재무제표와 자신만이 알고 있는 가치투자 방법에서 나아가 특정 기술이나 산업이 창조해낼 새로운 세상을 상상하면서 공부했다. 그러자 투자는 다른 경지로 발전해나갔다. 또한 미국 경제를 비롯한 거시경제 흐름이 실시간 연동되면서 작은 지표 하나가 향후에 만들어낼 변화의 흐름을 파악하는 능력을 키워나갔다. 그리고 이것이 기업의 재무제표를 파악하는 능력보다 훨씬 더 중요함을 깨닫게 되었다. 바이든 대통령의 당선 가능성 하나로 전기차 및 2차전지 관련 업종이 급등하고, 재생에너지 업종이 1년 넘게 테마를 형성할 수 있었던 것도 이와 같은 맥락이다.

이렇듯 상상력은 예술 분야에만 필요한 것이 아니었다. 거시경제의 변수에 따라 돈의 흐름이 바뀌고, 그렇게 달라진 돈의 발자국을 추적하는 것은 주식투자수익률을 높이는 데 있어 중요한 나침반이 되었다. 투자에 있어서도 예술 활동을 잘하기 위해서 필요한 상상력처럼 '경제적 창의력'이 아주 중요한 변수가 된다는 것을 몸소 경험했다. 그렇게 경제적 창의성에 눈을 뜨면서 필자는 1996년부터 2006년까지 약 10년 동안 날렸던 투자금액을 4년 만에 전부 회수할 수 있었다.

투자에
경제적 창의력이
필요한 이유

세상을 살다 보면 이론과 실제가 완전히 다른 상황을 많이 경험하게 된다. 그중 가장 대표적인 것이 '사람의 마음'이다. 사람의 마음은 논리나 숫자 또는 특정 이론으로 설명되지 않는다. 상황에 따라 언제 어떻게 변할지 알 수가 없다. 십 리 물길은 과학이론으로 충분히 예측되지만 한 길 사람의 마음은 측정할 방법도 예측할 수단도 없다. 이렇게 어려운 사람의 마음이 이끄는 대로 매매를 하면 주식투자도 그만큼 어려워진다. 우연히 한번쯤은 성공할 수도 있겠지만, 이는 그저 운이었을 뿐 연속적인 성공은 하기 힘들다.

주식투자수익률도 이론화하기 어렵다. 좋은 기업의 주식 가격은 결국 상승할 것이고, 신용화폐Credit Money 시스템이 유지되기 위해서는 통화량이 늘어나야 하므로 지수는 반드시 상승한다는 것쯤은 누구나 다 알고 있다. 그렇다고 해서 모두가 수익을 낼 수 있는 것은 아니다. 이론은 잘 알지만 시장을 바라보는 내 마음은 언제든 변할 수 있기 때문이다.

타인보다 더 빠르게 초과수익을 얻는 세 가지 방법

인덱스 펀드에 장기투자를 하면 무조건 이익을 낼 수 있다는 것은 웬만한 투자자라면 잘 알고 있는 사실이다. 그런데 우리는 왜 그런 투자를 하지 못할까? 그 이유는 남들보다 빨리 더 많은 수익을 얻고 싶은 마음 때문이다. 사람의 본성은 자신의 기준에 따르기보다는 타인과의 비교를 통해 이기는 것을 더 원한다. 나의 투자금 대비 얼마나 많이 벌었느냐보다 '누구보다 얼마를 더 벌었는가'에 따라 만족감이 달라진다.

이런 이유로 대부분의 투자자는 초과수익을 원한다. 인덱스 펀드나 지수를 추종하는 ETF에 장기투자하면 결국 이익을 낸다는 걸 알면서도 매번 다른 사람보다 많은 수익, 초과수익을 원하기 때문에 이론대로 투자하지 못하는 것이다.

투자자들은 초과수익을 얻기 위해 많은 방법을 개발해냈다. 자신만의 차트분석 기법에서부터 저평가 기업을 찾아내는 재무분석 방법까지 다양하다. 그러나 이러한 분석은 모바일 시대를 살아가는 현대에는 더이상 나만의 방법이 될 수 없다. 누구나 사용 가능한 방법일뿐더러 다 알고 있는 정보이기 때문이다. 즉 이미 주가에 반영되어 있다는 뜻이다. 군이 노벨상을 받은 학자들이 주장한 '효율적 시장 가설'(자본시장의 가격이 이용 가능한 정보를 충분히 즉각적으로 반영하고 있다는 가설)을 들먹일 필요도 없다. 정보가 워낙 많으니 이는 당연한 현실이다.

그렇다고 초과수익을 얻는 방법이 완전히 사라진 것은 아니다. 아직도 시장에서 타인보다 더 빠르게 확실한 초과수익을 얻는 방법은 엄연히 존재한다. 필자가 생각하는 방법은 세 가지다.

첫째, 시장이 비합리적일 때만 투자하는 것이다. 시장이 비합리적이라는 것은 증시가 과도하게 상승하거나 하락할 때를 말한다. 2008년 금융위기나 2020년 코로나 시기처럼 지수가 폭락했을 때를 기다렸다가 매수하는 전략으로 투자하면 무조건 초과수익을 얻을 수 있다.

하지만 안타깝게도 이런 투자는 이론상으로만 존재한다. 몇 년에 한 번 있을까 말까 한 기회를 기다리면서 투자를 하지 않는 건 비현실적이다. 그리고 투자를 중단한 상황에서는 그런 기회가 온다고 해도 선뜻 나서기 어렵다. 주식시장에서 멀리 떨어져 있다가 그런 시기에 갑자기 적금을 깨서 진입하는 사람은 극히 일부에 지나지 않는다. 이론과 실제는 다르기 때문에 비이성적인 환경을 기다리면서 투자를 참아내는 사람은 거의 없다.

둘째, '내부자 정보를 얻는 것'이다. 특정 회사의 호재성 정보를 미리 알고 있으면 무조건 투자수익을 낼 수 있다. 이러한 내부정보를 얻는 방법은 내가 경영을 하거나, 경영진과 친하거나 아니면 기업정보를 상대적으로 먼저 알게 되는 애널리스트와 유착관계가 있으면 가능하다. 주변에 이런 지인이 많으면 한번 해볼 만하지 않은가? 물론 농담이다. 이것은 법으로 금지되어 있다. 그러니 이것도 이론일 뿐 실제로는 활용하기 어렵다.

이제 한 가지 방법이 더 남았다. 그것은 바로 '경제적 창의력'을 발휘하는 것이다. 이는 불법이 아니다. 어렵기는 하지만 분명 실제로 사용 가능한 방법이다. 경제적 창의력이란 남들이 미처 보지 못하고 있는 것을 내다보는 혜안으로, 무에서 유를 만들어내는 게 아니라 관점과 방향의 전환을 뜻한다. 경제적 창의력은 시장에 대한 해석, 그리고 산업과 종목에 대한 상상력을 발휘하는 것, 이렇게 두 가지로 나눌 수 있다. 둘 다 이미 세상에 존재하는 수많은 점들을 하나의 선으로 잇는 작업에서 발견할 수 있다.

한 발 앞서 시장을 읽는 경제적 창의력의 근간

자본에는 중력의 법칙이 존재한다. 큰 자본이 작은 자본을 흡수하면서 초과수익을 내는 것은 무거운 물체에 끌리는 물리학적 중력의 법칙과 같다. 글로벌 주식시장에서의 큰 자본은 일종의 '스마트 머니'다. 스마트 머니는 남들이 주목하지 않을 때 조심스럽게 돈을 먼저 투입해 기회를 기다렸다가 특정 시점에 버블을 만들며 수익을 극대화한다. 몰래 움직이는 것 같지만 스마트 머니는 주요 지표에서 발자국을 남기곤 한다. 큰 자본은 채권, 주식, 원자재, 농산물, 외환 및 비트코인 등을 돌고 돌면서 수익을 극대화한다. 그때의 미묘한 시장 변화를 포착하는 것이 '시장에 대한 창의성'이다. 시장을 관찰하면서 미세한 흐름을 파악하면 남들보다 높은 수익을 만들어낼 수 있다.

2018년 10월부터 12월까지 미국 주식시장은 S&P500을 기준으로 약 20%대의 급락을 기록했다. 당시 장단기 금리의 격차가 마이너스를 기록하자 투자자들은 달러화 기축통화가 붕괴한다는 폭락론을 설파했다. 특히 2018년 성탄절을 전후로 주식시장이 더 크게 폭락하면서 투자자들은 불안과 우울의 나날을 보내고 있었다. 이때 필자는 유튜브 방송에서 "나는 미국주식을 사고 있다."라고 말했다.

실제로 힘든 투자 여건에서도 엔비디아와 애플 등의 미국주식을 많이 사게 된 것은 당시 S&P500의 평균 배당수익률이 10년 만기 채권이자율보다 높았기 때문이다. 주가가 급락하자 안전자산 선호 현상에 따라 주식을 매도하면서 채권에 대한 투자를 늘렸다. 당시 나는 배당수익률이 높다는 차원에서 보면 주식이 채권보다 더 안전하다고 판단했던 것이다. 주요 지표를 분석하고 관찰하면서 나온 경제적 창의성이 발휘된 순간이었다.

2020년 3월, 미국증시는 연일 폭락하고 있었다. 코로나 팬데믹이 선포되면서 미국 사회 전체가 록다운되고 글로벌 경제가 붕괴 위기에 직면했다. 당시 필자도 주식 포지션을 가지고 있었는데 3월 23일 저점 당시 수익률은 -55%였다. 세상은 지구의 종말을 이야기하는 비관론자와 모든 기업의 주식이 휴지 조각이 된다는 폭락론자로 가득 찼다. 투자자들은 대규모 손절을 하고 시장을 떠나기 시작했다.

하지만 그때 필자는 유튜브에서 조심스럽게 3월 23일을 증시 저점으로 예상하는 방송을 했다. 그렇게 주장했던 이유는 당시 Fed가 미국주식을 직접 매수할 수 있다는 뉴스가 나왔고, 긴급 구제기금뿐만 아니라 다양한 지원을 통해서 시중에 통화량을 대량으로 공급하고 나섰기 때문이다. 주식시장은 때때로 지수 하락으로 정치인을 비롯한 정부 당국자들을 압박하곤 한다. 스마트 머니가 원하는 수준의 완화책을 요구하기 위해 지수 폭락만큼 좋은 수단은 없다.

2018년 미국주식 폭락 당시에도 Fed는 진행하고 있던 금리 인상을 중단했다. 2020년 팬데믹 상황에서도 대규모 통화량 공급과 최악의 경우 기업의 주식을 직접 매수할 수 있다는 신호까지 줬으니 큰 자본이 원하는 조치는 다 나왔다고 볼 수 있었다. 이처럼 경제적 창의력을 발휘하면 시장의 흐름은 물론 스마트 머니의 발자국까지 유추할 수 있다. 그렇다면 경제적 창의력을 기르기 위해 주목해야 할 지표는 무엇일까? 바로 '통화량'이다. 통화량으로 시장의 흐름을 예측하는 법에 대해서는 다음 장에서 더 자세하게 설명을 이어갈 것이다.

산업과 종목의 미래를 읽는 상상력은 어디에서 오는가

주식시장에서 창의성은 어떤 종목을 매수하고 매도할 때 필요로 한다. 주식투자를 한다는 것은 특정 종목을 매수한다는 의미다. 그 회사가 앞으로 어느 정도의 성장세를 어떻게 이어나갈지를 아는 방법은 내부자

정보 외에는 없다. 그렇다고 '깜깜이 투자'를 하라는 말은 아니다. 뉴스를 통해 얻는 정보들을 활용해 흩어진 점들을 모아서 하나로 이어보면 특정 섹터로 이어질 흐름을 충분히 유추할 수 있다. 해당 산업이 앞으로 좋아질 것이라 예상한다면, 그 산업에서 일정 수준의 위치를 점하고 있는 회사는 당연히 성장 혜택을 볼 수 있다.

이런 상상력을 발휘하지 못한 채 해당 기업의 뉴스만을 좇아서는 안 된다. 뉴스는 매번 확인된 사실만을 기사화한다. 대부분의 개인투자자들은 그런 뉴스를 매수 신호로 받아들이지만 우리가 알고 있는 뉴스는 이미 가격에 반영이 되어 있다는 걸 기억해야 한다.

초과수익은 뉴스에 나온 소식으로 얻는 것이 아니다. 주식시장의 승자는 핵심 정보를 몰래 알고 있거나, 여러 정보를 취합한 후 추정해서 미리 사두고 기다렸다가 뉴스에 팔고 떠나는 자들이다. 그래서 주식시장에 "소문에 사고 뉴스에 팔라."는 격언이 있는 것이다. 내부자 정보가 없는 상황에서 그러한 소문은 상상력을 통해서 얻어낼 수밖에 없다.

'돈이 없지 종목이 없나', 종목을 발굴하는 필살기

2021년 5월, 필자는 유튜브 멤버십 코너에서 '태경케미컬' 주식에 관심을 가져야 한다고 주장했다. 그 이유는 배스킨라빈스 아이스크림 때문이다. 필자는 가끔 아이들을 위해 아이스크림을 구매하는데 당시 직원이 드라이아이스가 부족해서 30분 이상 유지해야 하는 거리라면 포장이 어렵다는 이야기를 하는 게 아닌가. 집에 돌아와 즉시 검색을 해보니 아래 기사가 나왔다.

드라이아이스 수요가 급증하고 있으며 다양한 쓰임새가 있다는 것이다. 검색을 해보니 드라이아이스 생산 기업으로는 '태경케미컬'이 있었다. 당시 주가는 13,000원대였지만 한 달 후에는 급등하면서 2만 원을 훌쩍 넘어가는 강한 상승세를 보여줬다.

이처럼 시장과 종목에 대한 상상력은 먼 곳에 있지 않다. 조금만 관심을 갖고 생각하는 연습을 하면 같은 기사를 보고도 다른 관점으로 접근할 수 있다.

앞 페이지의 기사는 2021년 6월 3일자 〈뉴스1〉의 기사다. 당시 백신 접종이 가속화되면서 리오프닝 기대감이 퍼지자 관련주들이 일제히 급등했다. 대한항공을 비롯한 주요 여행사 및 화장품 관련 종목들이 증권사 목표주가를 넘어서는 등 테마가 형성되고 있었다.

필자의 매매 원칙 중 하나는 뒤늦게 많이 오른 종목을 따라잡지 않는다는 것이다. '돈이 없지 종목이 없냐?'라는 정신이 있어야 추격매수를 하지 않는다. 그래서 필자는 이미 많이 오른 종목이 아닌 리오프닝 종목을 찾다가 콘택트렌즈 제조회사 '인터로조'를 발견했다. 실제로 안경을 착용하고 있어서 마스크를 쓸 때 어떤 불편함이 있는지 잘 알고 있었는데 이는 렌즈 사용자도 다르지 않을 것이다. 특히 여성에게 콘택트렌즈는 편리함과 함께 외모 관리 차원에서도 아주 중요하다. 그런 점에 착안해 콘택트렌즈 제조업체를 찾아보니 인터로조가 나왔다. 당연히 유튜브에서도 추천했다. 당시 2만 원대 초반이었던 주가는 현재 3만 원(2022년 5월 기준)을 넘긴 상태다.

이처럼 경제적 창의력은 없는 것을 보는 것이 아니라 남들이 보지 못하는 것을 찾아내는 지혜다. 이미 충분히 올라 있는 종목에 들어가기 전에 혹시 다른 업종이나 종목은 없을까 고민하는 것이 바로 창의력이다.

보이지 않는 것을 볼 수 있는 지혜

지난 5월 초부터 관심을 갖고 지켜보는 중인 티엘비라는 회사가 있다. 평소 자주 참조하던 신한투자의 리포트를 통해 알게 된 회사다. 운이 좋아서인지 아니면 우연의 일치인지 매수 당일에 44,450원이었던 주가는 급등하면서 며칠 만에 5만 원을 넘겼다. 급등할 때는 일단 이익 실현을 한다는 나의 투자원칙에 따라 반을 매도한 후, 7월 초 현재 50%를 보유 중이다. 현재가가 36,700원이니 약 −16%의 평가손을 기록하고 있다.

필자가 티엘비에 주목한 것은 관련 업체인 심텍과 대덕전자의 주가가 상승하고 있다는 점과 함께 하루 전에 〈전자신문〉의 기사를 봤기 때문이다. 아래 이미지가 그 기사의 헤드 카피다.

인텔, '사파이어 래피즈'로 데이터센터용 CPU 시장 승부수

발행일 : 2022-05-11 14:58 지면 : 2022-05-12 ▲14면   ☑ English

美 아르곤 연구소 등에 초도 물량 공급
기존 세대보다 30배 높은 AI 성능 제공
1초 200경번 연산 '슈퍼컴' 개발 기여
연내 추가 모델 확대⋯시장 선점 '속도'

메모리 반도체의 주력은 DDR4다. 이미 하이닉스와 삼성전자 등은 DDR5를 개발했지만 매출을 많이 올리지는 못하고 있다. 그 이유는 DDR5와 매칭되는 인텔의 데이터센터용 CPU가 없었기 때문이다. 그런데 기사를 보면 인텔은 미국 아르곤 연구소에 초도 물량을 공급했다고 나온다. 초도 물량에서 큰 문제 없이 시스템이 돌아간다면 DDR5는 메모리 시장의 중심이 되는 것이다. 하이닉스와 삼성전자도 주목해야 하지만 영업 레버리지는 후공정 기업이 더 크다. 주가 상승률에 탄력을 받을 수 있다는 의미다.

심텍, 해성디에스 등 주가가 이미 많이 오른 업체는 버리고 관련 업종을 찾다가 발굴한 곳이 티엘비다. 그러나 일부 이익 실현 후에 업종을 선도하던 대장격 업체들이 하락하면서 순식간에 고점 대비 −30% 정도 하락해 있다. 티엘비의 7월 초 현재 시가총액 1,800억 원은 향후 성장성을 고려할 때 높은 편이 아니다. 그럼에도 주가가 하락했던 것은 지수와 함께 동종업체 대장격인 회사들의 주가가 일시에 밀렸기 때문이다.

현재 평가손을 기록하고 있지만 필자는 추가 매수할 시기를 기다리고 있다. 주가가 많이 빠졌다고 무조건 매수하는 것은 필자가 초보 시절에 자주 했던 실수다. 현재 지수가 하락하는 중이고, 동종업체 친구 종목들이 약세이므로 추가매수 시기를 기다리는 편이 낫다.

먼저 지수가 하방을 지지하는 것이 보이고 있으며, 연초 상승장에서 대장 역할을 했던 심텍, 대덕전자 등이 하락 추세다. 따라서 상승 추세로 전환될 때까지 인내심을 갖고 버티는 중이다. 시가총액을 보면 매수할 정도로 충분히 매력적인 것이 분명하지만 지수(시장)가 안정되지 않았으니 참고 있는 것이다.

인텔의 사파이어 레피즈가 신문 기사와 다르게 출시가 연기된 것도 주가 약세의 원인일 수 있다. 그렇다면 시장의 안정, 친구인 동종업체 종목들의 추세 전환 및 인텔의 DDR5용 CPU 출시 뉴스가 다시 나올 때까지 기다릴 필요가 있다. 매력적인 시가총액을 보여주는 티엘비의 주가가 얼마까지 올라갈지 사뭇 기대된다.

필자의 명함 뒷면에는 '보이지 않는 것을 볼 수 있는 지혜'라는 문구가 적혀 있다. 보이는 것은 나만 보는 것이 아니라 모두가 볼 수 있다. 모바일 시대에 빨리 보는 것은 의미가 없다. 중요한 것은 보이는 것 이면에 있는 '보이지 않는 것'을 보는 것이다. 이는 '경제적 창의력'을 의미한다. 통찰이라는 단어로 거창하게 표현할 수도 있다.

주가는 우리가 모르는 사실에 의해 움직인다. 내부자가 아닌 이상 기업정보를 알아낼 방법은 없다. 그렇다면 어떻게 해야 할까? 우리는 곳곳에 흩어져 있는 점들을 이어나가면서 상상력을 발휘할 수 있어야 한다. 이미 누구나 다 알고 있는 사실이 진리인 양 맹신하며 주식투자를 하면 매번 물릴 수밖에 없다. 필자가 세 번의 투자 실패로 큰돈을 날린 이유이기도 하다.

이제 준비는 끝났다,
다시 시작된
나의 투자여행

"선생님, 제주도에 오시면 저를 꼭 좀 만나주세요."

　지난 2020년 1월의 일이다. 당시 유튜브 방송에서 며칠 동안 제주도에 다녀온다는 이야기를 했더니 구독자 한 분이 장문의 메일을 보내주셨다. 자신을 꼭 좀 만나달라는 간곡한 내용과 함께 연락처를 남겼기에 제주에서 만나 뵙게 되었다.

　제주에서 유명한 목장을 운영하던 그는 여유자금으로 시작한 주식투자로 큰 손실을 보고 있었다. 무작정 투자에 나섰다가 손실이 커지자 급기야 월 50만 원씩 회비를 내는 인터넷 투자클럽에도 가입한 상태였다. 계좌를 살펴보니 무려 50여 개의 종목을 보유 중이었고, 평가손익은 무려 -70%였다.

필자의 책을 읽은 독자들이 가끔 메일로 "언제, 어떤 종목을 사야 하나요?"라고 질문하는 경우는 있다. 하지만 막상 실제로 큰 손실을 입고 있는 분을 만나니 정말 속이 상했다. 그날 이후, 나의 투자 실패기가 다른 투자자들에게 도움이 될 수 있을 거라는 생각이 들었고 책에서 공개하기로 마음먹었다.

지옥과도 같았던 10여 년의 투자 여정

1996년부터 2006년까지 10년 동안 필자가 허공에 날린 돈은 약 5억 원 정도다. 인플레이션을 고려하면 전세금을 활용해서 대치동의 30평대 아파트를 살 만한 돈이었다. 돈이야 어떻게든지 다시 벌면 되지만 당시 그 일로 인해 부서진 나의 멘탈과 망가진 가족과의 관계를 되돌아보면 그 지옥 같은 시간을 어떻게 견뎌냈을까 싶다. 솔직히 돌아보고 싶지 않을 만큼 힘들었다. 그때 일생 단 한 번도 생각해본 적 없는 보험 영업을 시작하게 되었고, 그 일로 인생의 방향까지 완전히 바뀌게 되었다.

물론 지금의 결과가 좋으니 그때의 선택도 옳았다고 할 수 있다. 하지만 당시에 실패했던 경험을 넘어서기 위해 빚을 먼저 갚고 책을 읽으며 부단히 공부해서 나만의 원칙을 만들어나가지 않았다면, 지금의 상황은 결코 만들어지지 않았을 것이다. 물론 지금도 실수는 한다. 2021년 마지막 날의 주식투자 평가금액 대비 5월 말 현재 계좌 평가를 해보면

−25%를 기록 중이다.

하지만 옛날처럼 두렵지는 않다. 주가가 크게 빠지는 날에는 잔고와 시세판을 보지 않고 버틸 용기와 힘도 생겼다. 그동안 경험과 지식이 차곡차곡 쌓이며 나의 내적 자산으로 자리했으며, 무엇보다 중요한 경제적 창의성이 만들어졌기 때문이다.

봄을 기다리며, 다시 투자여행을 떠날 준비를 하자

현재 필자가 갖고 있는 주식투자 지혜가 완벽하게 완성되었다고 말할 수는 없다. 세상은 끊임없이 변하고 투자에 참가하는 사람의 마음은 갈대와 같기 때문에 책을 통해 공유하는 이 지식도 변할 수밖에 없을 것이다. 그럼에도 필자가 이렇게 책을 통해 독자들에게 지식을 공유하기로 서둘러 결정한 것은 최근 주식시장이 너무나 힘든 국면에 접어들었기 때문이다.

내가 그 암흑과도 같았던 실패의 늪에서 빠져나올 수 있었던 것은 공부와 독서 덕분이었다. 최근 주식투자자들은 대부분 혼돈과 좌절, 분노의 시간을 보내고 있을 것이다. 하지만 결국 겨울은 지나고 봄이 오게 되어 있다. 다만 이 겨울을 그냥 힘들어하고 속상해하면서 보내기보다는 실력과 내공을 기르는 계기로 삼아, 언 땅을 녹이고 땅속에서 새싹이 나오는 봄을 기다려보자고 말하고 싶다.

특히 가족을 위한 투자가 오히려 가족과의 관계를 악화시키지 않았으면 하는 바람이다. 필자가 겪었던 아픔을 여러분들만은 겪지 않았으면 하는 마음이 간절하다. 이제 그 마음을 담아 여러분과 함께 투자여행을 떠날 시간이 되었다.

제2장

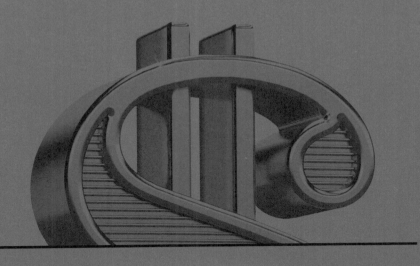

경제 사이클을 읽는
독창적 관점을 가져라

_통화량과 주식시장의 이해

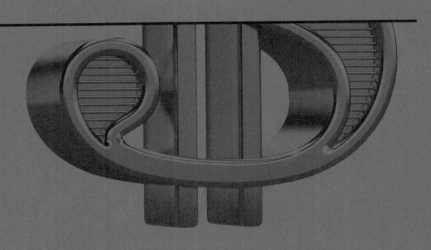

주식투자라는 망망대해에

한 척의 배를 띄우려면 어떤 준비를 해야 할까?

살아남기 위해서는 나침반을 읽고 노 젓는 법을 배워야 한다.

그리고 파도에 배가 휩쓸려가지 않도록

'파도'를 읽는 법도 깨우쳐야 한다.

아무리 좋은 배도 태풍을 만나면 속수무책이다.

파도를
기다리는
서퍼가 되자

주식시장은 바다와 같다. 바다는 파도에 따라 안전한 곳이 될 수도 있고, 반대로 커다란 손실을 떠안길 수도 있다. 그렇다면 주식시장이라는 바다에서 파도를 일으키는 것은 무엇일까? 그 파도는 바로 통화량(돈의 양)에 의해 결정된다. 경제가 좋아진다는 것은 시중에 돈이 많아진다는 의미다. 돈이 많아져야 돈을 벌기 쉬워지고, 많이 벌면 소비와 투자를 늘릴 수 있게 된다. 문제는 돈의 양이 너무 과도하게 늘어나서 인플레이션이 오는 상황이다. 그때부터는 다시 통화량을 줄이기 위해 중앙은행이 움직이게 된다.

돈의 양이 줄어들면 늘어날 때와 반대로 경제는 나빠지고 사람들은 저축을 늘리면서 위험에 대비하기 시작한다. 이러한 사이클은 봄, 여름, 가을, 겨울 사계절처럼 일정 주기를 가지고 움직인다. 그래서 통화량 증가율 차트를 보면 늘었다 줄었다 하는 시소 같은 운동을 반복하고 있음을 확인할 수 있다. 이제부터 통화량이 주식시장에 어떤 영향을 미치는지 하나씩 살펴보도록 하자.

자산의 가격은 통화량이 결정한다

우리는 경제학 교과서를 통해서 모든 상품의 가격은 수요와 공급에 의해 결정된다고 배웠다. 주식, 부동산, 석유 심지어 비트코인과 같은 암호화폐도 매수세가 많으면 가격이 오르고 반대면 내린다. 그렇다면 수요와 공급의 양은 어떻게 알 수 있을까? 이에 답하기 위해 그 유명한 '보이지 않는 손'을 언급하곤 한다. 그런데 과거 자산 가격의 추이를 보면 수요와 공급의 관점에서 이해가 되지 않는 부분이 있다. 석유 가격을 봐도 그렇다. 수요는 지난 20년간 변함없이 증가하고 있었는데, 석유 가격은 오르고 내리기를 반복하고 있었다.

한국의 아파트 가격을 봐도 그렇다. 지난 30년간 한국의 부동산 가격이 하락했던 대표적인 시기는 1997년 외환위기와 2008년 금융위기 때였다. 우리가 배웠던 수요와 공급의 이야기를 고려하면 당시 주택수요를 결정짓는 인구가 갑자기 줄었거나, 공급이 크게 확대되었어야 가격 하락을 설명할 수 있다. 하지만 그런 사실이 없었음은 여러분도 이미 알고 있다. 그럼에도 아파트 가격은 석유 가격이나 주식 가격처럼 빈번하게는 아니지만 등락을 보였다. 그것을 설명할 수 있는 유일한 해답은 바로 돈의 양, 즉 통화량의 증가 여부다.

현대 자본주의는 신용화폐 시스템을 기반으로 한다. 신용 Credit은 빚 Debt을 말한다. 빚이 계속 증가해야 경제 시스템이 유지된다는 것이다. 이 빚이 예상보다 많이 늘어날 때 통화량은 증가하고, 통화량이 증가할 때마다 주식과 부동산을 비롯한 주요 자산 가격이 증가했던 것이다. 갑자기 통화량을 들먹이니 머리가 아파올 것이다. 하지만 어렵지 않다. 누구나 다 쉽게 이해할 수 있다. 구구단을 암기해야 수학문제를 풀 수 있듯이 통화량의 비밀을 알아야 주식과 부동산, 심지어 암호화폐의 흐름도 따라갈 수가 있다. 통화량이 곧 파도를 결정하기 때문이다.

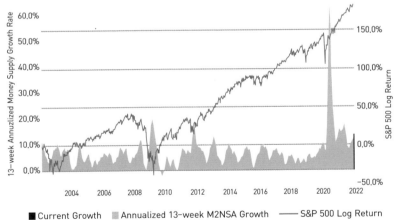

S&P500인덱스와 통화량(M2)의 관계를 보여주는 그래프(2000년~2022년).

출처: 세인트루이스 Fed

앞 페이지의 그래프는 2000년부터 2022년까지 S&P500인덱스와 통화량(M2)의 관계를 보여주는 차트다. 지난 20여 년간 주식시장이 하락하기 직전에는 항상 통화량 증가율의 감소가 있었고, 반대로 통화량 증가율이 늘어난 이후에는 반드시 증시가 회복되었음을 보여주고 있다. 2020년 코로나 팬데믹 상황에서는 통화량 증가율이 미처 감소하기도 전에 경제회복을 위해 Fed가 신속하게 유동성을 공급하여 통화증가율이 무려 60% 가까이 늘어났다.

이런 식으로 통화량 증가율이 급격해지면 주식시장과 부동산시장이 빠르게 회복한다는 것을 이미 우리는 다 알고 있다. 그리고 이처럼 전례 없이 급격하게 증가한 통화량은 2022년 인플레이션 논쟁을 일으킨 주범이 되었다.

미국 최대의 수출품은 인플레이션과 디플레이션이다

통화량 증가율의 감소와 증가는 부동산시장의 가격에도 직접적인 영향을 준다. 다음 페이지의 그래프는 통화량 증가율(붉은색)과 미국 주택가격지수인 케이스-쉴러 지수 Case Shiller Index의 관계를 보여주고 있다.

증시와 마찬가지로 주택 가격도 통화량 증가율과 연관되어 있음을 알 수 있다. 통화량 증가율이 꺾이기 시작하면 하락했고, 증가율이 상승하기 시작하면 일정 시간 후에 반드시 주택가격지수도 상승했다. 결국 주식이든 부동산이든 모든 자산의 가격은 수요와 공급이 아닌 돈의 양,

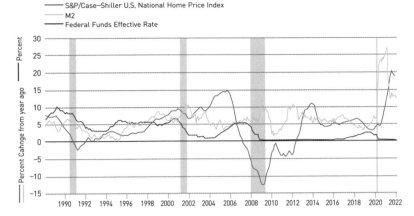

통화량 증가율과 케이스-쉴러 지수와의 관계를 보여주는 그래프.

출처: 세인트루이스 Fed

즉 통화량의 증감에 따라 좌우된다. 이런 점을 감안하면 주식시장의 지수를 아래의 식으로 표현할 수도 있다.

주식시장 지수 = 통화량 + 기대심리

결국 통화량이 늘면 기대심리가 좋아지고, 줄어들면 반대로 나빠진다. 즉 자산시장의 가격을 좌우하는 것은 글로벌 통화량의 증가율이라고 말할 수 있다. 그런데 글로벌 통화량의 2/3는 미국이 좌우한다(이와 관련해서는 뒷부분에서 설명할 예정이다). 미국의 통화량이 증가하면 글로벌 통화량이 늘고, 반대로 감소하면 글로벌 전체 통화량이 줄어든다.

이런 점을 감안하면 미국의 최대 수출품은 애플의 스마트폰이나 나이키 운동화가 아니다. 바로 인플레이션과 디플레이션이다. 미국의 경제가 좋아진다는 것은 미국의 통화량이 늘어난다는 것이고, 반대로 나빠진다는 것은 미국의 통화량이 줄어든다는 것이다.

통화량이 감소해서 절대액이 줄어드는 시기를 우리는 경제위기라 하고, 통화량 증가율이 감소하는 시기를 경기침체 즉 '리세션'Recession이라 한다. 통화 증가율의 감소만으로도 경제가 힘들어지는 것은 현대 자본주의 경제 시스템이 부채를 기반으로 하는 신용화폐 시스템이기 때문이다. 부채는 이자가 필요하고, 적어도 이자를 지급할 정도 이상의 통화량 증가율이 현대 경제에는 필요한 것이다.

이렇게 통화량 증가율의 급증과 감소는 주기적으로 발생한다. 자연에 가속도의 법칙이 존재하듯이 경제에 부채가 늘어나면서 자산(주식 및 부동산 등) 가격이 상승하기 시작하면 많은 사람이 수익을 위해 달려간다. 수익을 향해 달려가는 것은 부채를 일으킨다는 것이고, 그런 곳에서는 매번 버블이 만들어진다. 더 큰 버블을 막기 위해 중앙은행은 금리 인상 및 대차대조표 축소를 통해 버블의 바람을 빼기 시작한다.

이렇게 버블을 만들고 줄이는 과정은 계속 반복된다. 그러므로 주식시장에서는 영원한 상승도, 영원한 하락도 존재하지 않는다. 중앙은행이 그것을 위해 여러 가지 통화정책을 동원해 부채를 늘렸다 줄였다 하기 때문이다. 이런 이유로 미국의 주가 상황이 우리의 투자에 절대적으로 중요한 역할을 하고 있는 것이다.

돈은
신용도가 높은 순서대로
흘러들어간다

인체에 피血가 있다면 경제에는 돈Money이 있다. 피가 부족하거나 온몸을 구석구석 돌아다니지 못하면 건강에 적신호가 켜지듯, 돈도 경제 전반에 원활하게 흘러가야 경제가 좋아지게 된다. 현대 자본주의 경제는 신용화폐 시스템을 근거로 운용된다. 신용화폐는 신용을 기반으로 하는 부채에 의존한다. 그러므로 돈이 늘어나기 위해서는 누군가가 은행에서 대출을 받아야 하고, 대출이 많아져야 통화량이 늘어난다.

"내 지갑에 있는 돈은 내가 일해서 번 돈이지 대출이 아니다."라고 말하고 싶을 것이다. 그런데 내가 일해서 번 돈도 누군가가 은행에서 빌려와 임금이나 사업의 대가로 지급한 돈이다. 그러므로 그 돈도 일종의 대출이라 할 수 있다. 이처럼 자본주의 경제는 시중에 돈이 많아져야 좋아진다. 경제가 좋아지려면 누군가가 열심히 돈을 빌리고 그렇게 통화량이 늘어나야 경제 시스템이 제대로 작동된다.

돈을 가장 먼저 빌린 사람부터 부자가 된다

돈을 많이 빌리기 위해서는 신용도가 높아야 하므로, 돈은 신용도가 높은 순서대로 흘러간다. 그렇게 돈이 가장 먼저 흘러들어간 곳(자산시장)부터 가격을 올리게 되는데 우리는 이것을 '인플레이션'Inflation이라 말한다. 한국 경제를 예로 들어보자. 한국 경제에서 신용도가 가장 높은 곳은 어디일까? 당연히 정부(중앙은행)다. 두 번째는 은행이고, 세 번째는 삼성과 같은 재벌기업, 네 번째는 중견기업 및 부자다. 마지막은 바로 우리들 서민이다. 서민 중에서도 굳이 순서를 정하자면 전문직 종사자 혹은 대기업 직원, 중소기업 직원, 실업자 순으로 이어질 것이다.

자본주의 체제에서는 자본이 흘러가는 순서대로 돈을 많이 벌게 되어 있다. 먼저 자산(주식과 부동산)을 사둔 사람이 뒤늦게 뛰어든 사람에게 더 높은 가격을 받고 넘기기 때문이다. 부동산 개발을 예로 들어보자. 정부가 국채를 발행해 돈을 조달한 후 개발 예정지인 토지를 토지공사를 통해 사둔다. 그 토지를 개발해 재벌 기업에게 판매하고, 재벌 기업은 그곳에 아파트를 건설해 공급한다.

아파트 구입은 대개 청약을 통해서 하니까 구매 순서가 같다고 생각한다면 큰 오산이다. 은행은 모두에게 동시에 돈을 빌려주지 않는다. 은행이 가장 먼저 돈을 빌려주는 사람은 안전하게 돈을 돌려받을 수 있는 신용도가 높은 사람이고, 그들에게 다 빌려준 후에 그다음 사람에게 빌려준다. 최근 들어 '2030 영끌족'이라는 신조어가 생겼는데, 그들이 대세상승의 끄트머리에 돈을 빌려서 아파트를 산 것은 게을러서가 아니다. 빌릴 수 있는 차례가 그제서야 왔을 뿐이다.

자산의 가격이 올라간다는 것은 은행이 계속해서 돈을 빌려주고 있다는 것을 의미한다. 은행도 이자 수익을 올려야 직원들에게 월급을 줄 수 있으니 빌려줄 곳을 계속 확대한다. 이 시점에서 중앙은행은 슬슬 통화량 관리에 들어간다. 돈이 돌고 돌면서 자산 가격만 올리는 것이 아니라, 자동차 가격과 농산물 가격 등을 올려 물가를 상승시키기 때문이다. 그래서 서민들이 '이제 나도 돈을 좀 만져볼까' 싶을 때 중앙은행은 난데없이 물가안정을 빌미로 금리를 올리기 시작한다.

돈을 가장 늦게 빌린 사람부터 희생양이 된다

통화량을 관리하는 가장 좋은 방법은 중앙은행이 기준금리를 올리는 것이다. 금리를 올리면 원리금 상환액이 늘어나므로 대출이 늘어나지 못하거나 줄어들기 시작한다. 당연히 은행은 신용도가 낮은 사람들에게 이자율을 올리면서 상환을 독촉한다. 모두가 은행에서 돈을 빌리기 시작하면 통화량이 늘어나는 것과 반대로 이제 은행은 돈을 갚으라는 신호를 주기 시작한다. 부채를 갚기 시작하니 통화량이 줄어들고, 통화량이 줄어들면 그 돈이 들어가 있던 자산시장의 가격은 하락하기 시작한다. 주식 가격도 점점 하락하고 부동산 가격도 고점을 찍고 내려가기 시작한다.

이처럼 통화량이 증가하면서 부풀어 올랐던 자산 가격이 내려가기 시작하면 통화량은 더 빨리 줄어들 수밖에 없다. 하루라도 빨리 팔아서 대출을 갚지 못하면 당장 내일 더 많은 손해를 볼 수 있기 때문이다. 자산 가격은 올라갈 때처럼 내려갈 때도 가속도가 붙기 때문에 사람들은 저축을 늘리면서 위험에 대비하기 시작한다.

개인들이 저축을 늘리고 소비를 줄이면 기업은 줄어든 매출을 만회하기 위해 일자리를 줄이기 시작한다. 이처럼 인플레이션 초기에는 모두가 기쁘고 즐겁지만, 그 끝물에서는 각자의 일자리마저 걱정해야 하는 상황에 놓인다. 불공평하다고 생각하겠지만 어쩔 수 없다. 이는 신용화폐 시스템의 필연이다. 그렇다고 망하는 것은 아니다. 다시 중앙은행이 금리를 낮추면서 통화량을 늘리면 일정 시간이 지난 후에 다시 경제가 살아나기 때문이다.

통화량과 인플레이션,
그들은
어떤 관계인가

2022년 새해 들어 경제신문의 화두는 '인플레이션'이다. 높아진 물가 때문에 한국은행은 기준금리를 세 번이나 올렸다. 미국의 중앙은행격인 Fed도 팬데믹 이후 처음으로 3월과 5월에 연속으로 각각 0.25%p와 0.5%p씩 금리를 인상했다. 아울러 6월 연방공개시장위원회Federal Open Market Committee(이하 FOMC)에서는 1994년 이후 처음으로 기준금리 0.75%p 인상을 결정하면서 Fed의 통화정책이 인플레이션을 낮추는 데 초점이 맞추어졌음을 천명했다.

이 지점에서 우리는 헷갈리기 시작한다. 석유 가격이 오르고, 농산물 가격이 오른 것은 러시아가 우크라이나를 침공해서 공급망이 교란되었기 때문인데, Fed는 물가상승을 잡기 위해 금리를 올린다고 한다. 금리를 올린다고 러시아가 전쟁을 멈출 가능성은 없어 보이는데 왜 중앙은행은 금리를 올려서 주식시장과 부동산시장을 위험에 빠뜨리고 있는 걸까? 이것을 이해하려면 먼저 인플레이션의 정의를 정확하게 알고 있어야 한다.

통화량은 인플레이션을 좌우하는 근간이다

인플레이션이란 늘어난 통화량으로 인해 자산을 비롯한 주요 상품 및 원자재 가격이 올라가는 것을 말한다. 인플레이션을 정확하게 측정하기 위해서 중앙은행은 실생활에서 사용하는 주요 품목을 모아서 가격지수를 측정하는데, 이는 '물가'라 불린다. 즉 인플레이션은 통화량이 늘어남으로 인해 물가가 상승하는 현상이라고 이해하면 된다.

앞서 필자는 석유 가격이나 부동산 가격의 흐름을 이야기하면서 수요와 공급이 가격을 좌우하는 결정적 이유가 아니라고 말했다. 석유는 수십 년 동안 수요량이 계속 증가하고 있었는데 왜 가격은 등락을 반복하고 있는가. 부동산도 마찬가지다. 그 이유는 '통화량의 증감' 때문이다. 늘어난 통화량으로 인해 석유를 비롯한 상품 가격이 올라가는 것을 알아본 스마트 머니가 낮은 이율로 대출을 받아 석유나 농산물 등의 가격을 올려버린 것이다.

자본에는 자비심이나 애국심이 없다. 오로지 수익을 탐할 뿐이다. 그렇게 가격을 올려두면 그때부터 언론은 기사를 쏟아내기 시작한다. 시세가 뉴스를 만들기 시작하는 것이다. 앞서 설명한 것처럼 돈을 조달하는 순서대로 투기에 나서는데 그때 사람들이 신문 기사를 보고 덤벼들면서 가격은 고공행진을 이어간다.

아래 그래프는 지난 30여 년간 미국의 통화량 증가율과 인플레이션 변동률을 보여주고 있다. 파란색 점선은 Fed가 목표로 하고 있는 인플레이션 기대치(2%)인데 현재 상황은 2%를 훌쩍 넘어선 상태다. 팬데믹을 극복하고자 풀어놓은 돈의 양이 엄청나다는 것을 보여주고 있다. 이렇게 통화량이 늘어났으니 물가상승률(인플레이션율)도 40년 만에 최고치에 와 있는 것이다. 그 결과 돈은 주식과 부동산으로 몰려들어 가격을 올렸다. 그리고 러시아 전쟁을 핑계로 이제는 석유와 농산물 등 원자재 시장까지 가격을 올리고 있다.

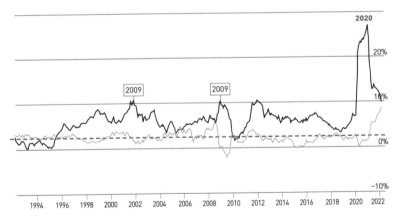

1994년부터 지난 30년간 미국의 통화량 증가율(검정색)과 인플레이션 변동률(붉은색)을 보여주고 있다.

출처: longtermtrends.net

팬데믹 이후 경제회복을 위해 쏟아부은 통화량이 40년 만에 최고치를 기록하며 물가를 끌어올리자, Fed도 이를 낮추기 위해 자이언트 스텝(0.75%p 기준금리 인상)을 실시하게 된 것이다.

중앙은행은 왜 자산 가격의 상승을 그냥 두지 않을까?

늘어난 통화량으로 인플레이션이 온다면 자산을 가지고 있는 사람들은 가만히 있어도 부가 늘어나 행복해질 것이다. 경제에 주입된 돈이 원자재를 비롯한 주요 상품의 가격을 올리고, 아울러 대부분 보유하고 있을 부동산과 주식 가격도 올리기 때문이다. 그런데 이렇게 모두가 좋아할 상황을 눈앞에 두고 Fed를 비롯한 글로벌 주요 국가의 중앙은행은 자산 가격의 상승을 우려하며 금리를 인상하려고 한다. 도대체 왜 중앙은행은 이런 나쁜 짓(?)을 시도하는 걸까?

현대 자본주의 시스템은 신용화폐가 근간이다. 즉 화폐의 신뢰도가 있어야 경제를 지켜낼 수 있다. 돈이 귀해지는 시기를 '디플레이션'이라 하고, 반대로 돈이 많이 풀려 가치가 하락하는 시기를 '인플레이션'이라 한다. 인플레이션 시기에는 이자를 부담하고 대출받은 돈으로 앞으로 계속 오를 것 같은 석유와 부동산 등에 투자해서 수익을 얻으면 이자를 걱정할 필요가 없다. 인플레이션이 심해지면 모두가 이를 이용해 돈을 벌려 하고, 그렇게 되면 아무도 돈(화폐)을 가지려고 하지 않을 것이다.

문제는 신용도가 높은 부자나 재벌기업이 아닌 우리 주변의 평범한 사람들이 은행에 달려가서 대출을 받을 때다. 이때 통화량의 증가 속도는 걷잡을 수가 없다. 가속도의 법칙처럼 그 증가 속도를 아무도 막아내지 못하게 될 때 문제가 시작된다. 이때 통화량의 증가 속도를 통제하지 못하면 화폐가치가 사라지게 되는 '하이퍼 인플레이션'Hyperinflation을 경험할 수도 있다.

중앙은행은 이를 막아내기 위해 금리를 올리면서 인플레이션을 잡으려는 것이다. 최근 석유 가격의 급등은 러시아가 전쟁을 일으켰기 때문이기도 하지만 진짜 이유는 팬데믹 이후 경기회복을 위해 시중에 너무 많이 풀린 돈의 양, 즉 통화량이 원인임을 알고 있기 때문이다.

그렇다고 해서 자신들의 잘못을 인정할 수는 없다. 그 부담은 고스란히 중앙은행장을 임명한 정치인에게 돌아가기 때문이다. 그러므로 인플레이션의 주범이라는 비난은 항상 전쟁을 일으킨 폭군이나 투기꾼에게 돌아간다. 우리에게 중요한 것은 석유와 농산물 가격을 안정시키기 위해 금리를 인상한다는 것인데, 돈은 이미 주식시장과 부동산시장 심지어 암호화폐시장에도 들어와 있다. 이런 상황에서 눈치 빠른 누군가는 선제적으로 주식과 부동산을 매도해서 대출을 갚기 시작할 것이다. 이때부터 주가를 비롯한 자산 가격은 내려가기 시작한다.

이는 신용화폐 시스템이 갖고 있는 치명적인 한계 때문이다. 경기는 인플레이션과 디플레이션을 오가면서 좋았다가 나빴다가를 반복하는데, 큰 자본은 그 흐름을 알고 여기저기 옮겨 다니면서 계속 수익을 내고 있었을 뿐이다.

중앙은행의 최대 목적은 물가안정이나 고용안정이 아니다. 그것은 겉으로 보이는 것일 뿐 진짜는 화폐가치의 안정이다. 물가안정이 최대 목적이라면 일본처럼 물가가 최저치로 떨어진 나라에서 중앙은행이 무제한 양적완화를 해 물가를 높이지 못해서 안달인 것은 왜일까? 그들의 진짜 목적은 물가가 아니라 신용화폐의 가치를 지키는 것이며, 그 이유는 화폐가치를 보존하지 못하면 경제가 마비되기 때문이다. 사람들은 자국의 통화를 믿지 못하면 다른 나라의 통화나 비트코인 혹은 물물거래를 원한다.

외환위기는 자국의 화폐가치가 급격하게 하락하는 데서 비롯된다. 자국민들이 모든 자산을 팔고 오로지 달러화로 바꾸는 것이 최선이라고 믿는 현상은 이미 남아메리카와 터키(현 튀르키예), 러시아에서 만연하고 있다. Fed가 늘린 통화량으로 인해 인플레이션이 심화되면 달러가치는 하락할 수 있다. 그런데 달러가치가 하락한다면 미국 역시 우리가 지난 1997년 겪었던 외환위기에 빠질 수 있다. 그러니 Fed는 경기침체 가능성이나 주가 하락이라는 리스크에도 불구하고 2022년이 되자마자 금리를 인상하는 등의 긴축정책을 펼친 것이다. 결국 Fed의 긴축정책이 지니는 표면적 의미는 인플레이션 완화지만, 이면의 의미는 달러가치를 지켜내겠다는 것이다.

미국에서 6월 FOMC가 열리기 1주일 전, 이례적으로 재닛 옐런Janet Yellen 재무장관과 백악관 대변인이 "미국의 물가수준이 높아도 너무 높다."는 이야기를 하기 시작했다. 민주주의 시스템을 최고의 가치로 여기는 미국에서 정치인들이 나서서 물가상승이 심하다고 언급하고 나선 것은 Fed 이사진들에게 금리 인상 강도를 높이라는 압력으로 보여질 수 있다.

정치인은 여론을 중요하게 생각한다. 지지율이 하락하면 다음 선거에서 실업자가 될 수 있기 때문에 이런 발언은 무척 조심스러울 수밖에 없다. 그럼에도 불구하고 이렇게 발언한 이유는 인플레이션의 비밀 때문이다. 인플레이션을 피부로 느끼게 되는 시점에는 원유를 비롯한 주요 농산물 등이 이미 많이 올라서 일상용품의 가격도 본격적으로 오르기 시작한다. 인플레이션을 이유로 기업들은 제품 가격을 일제히 인상하는데, 문제는 개인이 이를 감당하기 어렵다는 점이다. 인플레이션의 진행 순서에서 항상 맨 마지막을 차지하는 것은 개인의 급여다. 돈의 흐름상에서 맨 마지막 자리에 있는 것도 억울한데, 그나마 올려준 임금이 물가상승률을 따라잡지 못하는 수준이니 한숨이 나온다.

개인의 소득은 한정적이라서 에너지와 식품 등 필수소비재의 가격이 올라가면 다른 품목의 소비를 줄일 수밖에 없다. 그럴 수 없다면 대출을 받거나 신용카드로 소비해야 하는데, 인플레이션을 완화한다는 목표 아래 이미 시중금리가 많이 올라가 있는 상태여서 그 또한 부담스럽다. 이렇게 국민의 삶이 힘들어지면 모든 비난은 정치인에게 돌아간다. 다음 선거에서 질 것 같은 분위기가 감지되면 정치인들은 예외 없이 자신들의 잘못이 아니라고 외치는 것이다.

그 많은 통화량은
어디에서
왔을까

2020년 미국은 코로나 팬데믹 위기를 극복하기 위해 엄청난 양의 유동성을 공급했다. 통화량이 28%나 증가할 정도로 어마어마한 양이었다. 2008년 글로벌 금융위기 당시 금융시장의 통화량 증가율이 10% 수준이었음을 상기한다면 이는 전례 없는 수준의 증가율이다. 그러니 요즘 미국 경제가 겪고 있는 40년 만의 인플레이션은 어쩌면 당연한 결과인지도 모른다.

통화량이 증가했다는 것은 미국에서 누군가가 대출을 일으켰다는 의미다. 돈은 곧 부채이고, 부채가 늘어나야 통화량이 증가할 수 있기 때문이다. 그렇다면 팬데믹 시기에 누가 그렇게 많은 돈을 대출받았을까?

그 주체를 알게 되면 최근 주식시장과 채권시장 및 암호화폐시장의 흐름을 이해할 수 있다.

누가 왜 돈을 빌려갔는가

상식적으로 생각해보자. 은행은 이자율이 아무리 높아도 원금 회수 가능성이 떨어지면 대출을 해주지 않고 기존의 대출도 회수하려고 한다. 2020년 3월 팬데믹 상황에서 미국의 은행들은 당연히 대출을 통제했고, 기존의 대출도 회수하기 시작했다. 통화량이 늘면 경제가 좋아지고 반대로 줄어들면 경제가 나빠진다. 통화량 증가율의 감소만으로도 경기는 위축되는데, 팬데믹 상황에서는 아예 통화량 자체가 감소할 위기에 처하게 된 것이다. 이때는 어떤 위험한 상황에서도 원리금 상환의 걱정이 없는 주체가 나서서 자발적으로 대출을 해 통화량을 늘려줘야 위험에 처한 경제가 안정세를 되찾는다.

앞서 필자는 신용도에 대해서 언급할 때 신용도가 가장 높은 주체는 정부와 중앙은행이라고 언급했다. 자본에는 자비심이 없다. 그러니 애플이나 구글 같은 기업이 굳이 필요도 없는 돈을 빌려서 직원에게 나눠주지는 않는다. 그렇다면 이런 역할을 할 주체는 이자 부담이 적고 신용위험도 겪지 않을 정부와 중앙은행이 될 수밖에 없다. 이런 이유로 2000년 나스닥 버블 붕괴, 2008년 글로벌 금융위기, 2020년 팬데믹 상황에서 정부와 중앙은행은 동시에 경제에 돈을 투입하기 위해 할 수 있는 모든 정책을 다 펼쳤던 것이다.

그런데 정부와 중앙은행이 경제위기를 막기 위해 시장에 통화를 공급할 때는 각각의 역할과 한계가 분명히 존재한다. 먼저 정부(미국은 연방정부)의 장점과 한계를 살펴보자. 정부가 시중에 자금을 투입하는 행위를 '재정정책'이라고 한다. 재정정책의 장점은 정부가 직접 투입하는 돈이 어디로 흘러갈지 그 방향을 정할 수 있다는 것이다. 소상공인 지원이든, 대출금 유예 또는 탕감이든, 국민에게 직접 현금을 지급하는 등의 정책은 정부(정치인)가 정한다. 가장 직접적인 지원책으로 빠른 효과를 낼 수 있다.

반면 정치에는 야당과 여당이 존재하므로 현 정부가 원하는 수준으로 지원하는 것에는 한계가 있다. 국회(미국은 의회)를 통과해야 하고, 정부 부채 문제까지 감안해야 한다. 무엇보다 정치인들의 당리당략이 가장 큰 장애가 되기도 한다. 정치인의 목적은 애국이나 민족 중흥이 아니라 '집권'이다. 그러므로 지원책 여부도 당리당략에 따라 갈리기 때문에 원하는 수준만큼의 재정정책을 펼치는 것은 어려울 수도 있다.

정치인은 국민이기 이전에 '직업인'이다. 정권을 잃는 것은 실업자로 살아야 한다는 것을 의미한다. 그런 점을 감안하면 예산 편성을 할 때마다 시끄러운 정치 논쟁이 나오는 이유를 이해할 수 있다. 안타깝지만 이것이 현대 민주주의 정치제도다. 어렵게 여당과 야당이 합의를 한다고 해도 실제 자금 지원까지는 여러 과정이 남아 있어 중앙은행이 지원하는 것보다 긴 시간이 소요된다.

달러화 인덱스의 흐름을 주시해야 하는 이유

중앙은행은 이러한 금액과 시간의 한계를 극복하기 위해 나서게 된다. 이때 중앙은행이 통화의 양을 조절하는 공급정책을 '통화정책'이라 부른다. 대부분의 국가에서 중앙은행은 정치적 영향을 받지 않는 상태에서 정책을 수행하기 위해 독립되어 있다. 또한 정치인들이 합의해 위기 상황에서 펼칠 수 있는 중앙은행의 책임과 권한을 부여받았다. 문제는 중앙은행은 시중은행만 상대해야 한다는 점이다. 은행에 돈을 빌려주거나, 은행이 가지고 있는 자산을 낮은 금리로 매입하여 은행이 대출해주도록 유동성을 공급하는 것이다. 이것이 바로 '양적완화'Quantitative Easing, QE다.

그런데 은행에 자금을 공급할 수는 있지만 은행이 그 돈을 어떻게 사용하는가에 대해서는 통제 권한 밖이다. 위기상황에서 은행이 대출을 해주지 않는 것은 돈이 없어서가 아니라, 원리금 상환 걱정 때문이다. 당연히 시중은행은 중앙은행에서 지원받은 금액으로 원리금 상환 부담이 없는 주식과 채권 등의 자산투자에 나서게 된다.

그래서 양적완화를 실시하면 주식, 채권 가격, 암호화폐 그리고 부동산 가격까지 일제히 상승하는 것이다. 더욱이 중앙은행은 국회의 제한도 받지 않으니 경제에 투입할 수 있는 금액은 이론상 무제한이다.

미국 정부는 팬데믹 상황을 극복하기 위해 지난 2년 동안 총 6조 달러의 재정적자를 기록했다. 적자를 기록한 만큼 채권을 발행해 미국 경제에 돈을 공급했다는 의미다. 놀라운 점은 2008년에 발생했던 글로벌 금융위기 때 약 5년 동안 미국 경제에 공급했던 자금을 이번 팬데믹 상황에서는 2년 만에 모두 투입했다는 사실이다. 한국의 1년 GDP가 약 2조 달러인 것을 감안한다면 실로 엄청난 금액이다.

여기에 미국의 중앙은행 격인 Fed가 양적완화로 금융시장에 투입한 금액은 5조 달러에 육박했다. 즉 정부와 중앙은행이 미국 경제에 공급한 돈을 합하면 무려 11조 달러인 셈이다. 이렇게 많은 돈이 시중에 풀렸으니 통화량이 급증할 수밖에 없었고, 그 결과로 인플레이션 상승률이 40년 만에 최고치를 기록한 것이다.

그런데 늘어난 통화량으로 인해 발생한 인플레이션을 막아내려는 미국의 정책은 오히려 달러를 귀하게 만들어가고 있다. 이자율이 올라가면서 달러로 빌린 대출을 갚아야 하는 상황이 되니 원금에 이자까지 함께 갚으려면 더 많은 달러화가 필요한 모순 같은 상황이 일어난 것이다. 현 거시경제 상황을 이해하기 어렵다면 달러화 인덱스의 흐름이라도 파악해야 하는 이유가 여기에 있다.

달러화 강세는
무엇을
의미하는가

최근의 화두는 단연 인플레이션이다. 이 책을 읽고 있는 독자라면 물가상승의 원인이 러시아와 코로나가 일으킨 공급망 훼손 때문만은 아님을 알 것이다. 지금 중요하게 살펴야 할 것은 물가상승을 억제하기 위해 펼치는 정책으로 인해 발생하고 있는 금융시장의 충격이다.

2022년 들어 주식과 암호화폐의 가격이 하락하기 시작한 것과 달리 오히려 올라가는 것이 있었다. 바로 '달러화 인덱스'다. 쉽게 말하면 인플레이션 대책이 나오기 시작하면서 달러화 가치가 연일 고공행진을 하고 있다. 미국이 금리를 올리기 시작했고, Fed가 뿌려둔 유동성을 흡수하기 위해 대차대조표를 축소한다고 하자 달러가 강세를 보이기 시작한 것이다.

그런데 달러가 이렇게 강세를 보이는 이유는 무엇일까? 주식시장에서 수익을 얻기 위해서는 '보이지 않는 것'을 추론할 수 있어야 한다. 보이는 것은 이미 모두 가격에 반영되어 있기 때문이다. 반면 보이지 않는 것을 보기 위해서는 현상을 제대로 이해해야 하며 그것을 기반으로 상상력을 발휘할 수 있어야 한다.

인플레이션 피크 이후에 주목해야 하는 것은?

초연결 세상에서는 글로벌 경제 시스템도 당연히 신용화폐로 연결되어 있다. 나라마다 각기 자국통화를 가지고 있음에도 불구하고 전 세계에 돌아다니는 돈의 약 70%는 미국 달러화다. 앞서 필자는 자본주의 시스템 안에서 유통되는 모든 돈은 누군가의 부채라고 말했다. 그렇다면 전 세계 대출금의 70%는 미국의 은행에서 빌렸다는 의미다. '아니 이게 무슨 말인지?' 한국 기업도 한국의 시중은행에서 달러화 대출을 받을 수 있는데 왜 이런 이상한 이야기를 하고 있는지 의문이 들 것이다. 내 지갑에는 전부 한국 돈만 있는데 전체의 70%가 달러화로 이루어져 있다니 쉽게 납득할 수 없다. 하지만 그것은 엄연한 사실이다.

한국의 시중은행이 달러 대출을 해줬다면 그 달러화의 출처는 어디일까? 그 시중 은행이 미국의 은행에서 빌려 대출을 해줬다고 볼 수 있다. 신용도가 높은 은행이 저금리로 빌린 후 거기에 마진 금리를 보태서 기업에 달러화로 대출해준 것이다. 글로벌 물가수준이 심각하게 높다는 것은 많은 사람이 미국 은행에서 빌린 돈으로 석유와 농산물을 샀다는 의미다. 그런데 이제 미국의 Fed가 나서서 물가를 잡기 위해 금리를 올리고 유동성을 조이기 시작했다는 것은 내가 빌린 돈도 빨리 갚아야 한다는 신호다. 그 돈 역시 미국에서 빌린 돈이기 때문이다. 이때 눈치 없이 버티다가 가격이 급락한 후에 대출 상환 요청까지 받으면 그야말로 마른하늘에 날벼락이다.

문제는 은행이 상환을 요구할 때는 빌려간 돈이 어디에 투자되었는지를 고려하지 않는다는 점이다. 그러므로 돈을 갚기 위해 주식, 원자재, 채권 및 심지어 비트코인까지 팔아서 달러화로 바꿔야 한다. 그렇게 자산을 판 돈으로 미국 은행에서 빌린 돈을 갚아야 하는 것이다. 이렇게 대출을 갚기 위해 모두가 달러화로 환전을 하니 달러화가 강세를 띌 수밖에 없다.

최근 주가가 하락하자 많은 증권사들이 '인플레이션 피크'(더 이상 올라가지 않는 시점)가 왔으니 다시 주가가 상승할 가능성이 높다고 분석하고 있다. 하지만 그렇지 않다. 인플레이션 피크가 왔다 하더라도 은행에 돈을 갚기 위한 달러 수요가 계속 있는 한 증시는 하락할 수 있다.

그러므로 달러화 인덱스가 고점을 찍을 때까지 인플레이션 대책에 따른 증시의 하락 압력은 계속될 것이다. 반대로 달러화 강세가 어느 정도 마무리되는 시점은 인플레이션 압력도 어느 정도 해소되었다는 의미다. 이런 때는 당연히 주식시장에 다시 관심을 가져야 한다.

지금 투자자가 가장 주목해야 할 것은?

대출금을 갚는다는 것은 통화량이 줄어든다는 것을 의미한다. 증시
에서 파도는 통화량이 줄어들 때 점차 강해진다. 대출을 어느 정도 갚고
나면 달러화 수요가 줄어들 것이고, 그렇게 수요가 줄면 달러화가 강세
에서 약세로 돌아서거나 더 이상 오르지 않게 된다. 그러므로 주가는 대
출 상환이 어느 정도 마무리된 때부터 회복되기 시작한다. 그때가 바로
달러화 강세가 누그러지기 시작하는 시점이다.

달러화가 강세에서 약세로 전환되거나 안정을 찾아간다는 것은 대출
상환이 어느 정도 마무리되었거나, Fed가 금리 인상의 속도를 조절할
거라는 시그널이 될 수 있기 때문이다. 이제부터 그 이유를 좀 더 구체
적으로 설명하려 한다.

다음 페이지의 그래프는 글로벌 개발도상국Emerging Markets, EM 및 선진
국Developing Economies, DE에 미국 은행의 달러화 대출 비중이 어느 정도인지
보여주고 있다.

글로벌 주요 기업 및 국가의 전체 대출금 중 50%가 달러화에 포함되
어 있지 않다. 미국 내 대출금 총액을 감안하면 전 세계에 돌아다니는
돈의 2/3는 결국 달러화로, 대출받은 금액이 각국의 화폐로 교환되어
있음을 뜻한다. 앞서 언급한 '미국 최고의 수출품이 아이폰도 테슬라 전
기차도 아닌 인플레이션'인 이유를 이제는 이해할 수 있을 것이다. 글로
벌 통화량의 2/3 이상이 미국 달러화라는 것은 인플레이션 책임의 2/3
가 미국에서 늘린 통화량 때문이라는 것과 같은 말이다. 미국이 금리를

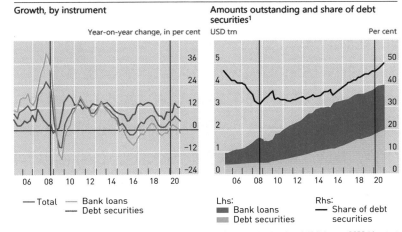

US dollar credit to EMDEs   Graph B

Growth, by instrument

Amounts outstanding and share of debt securities[1]

The vertical lines indicate 15 September 2008 (the collapse of Lehman Brothers) and 19 February 2020 (the start of market turmoil due to Covid-19).
[1] Share of debt securities in total dollar credit.
Source: BIS global liquidity indicators.

글로벌 개발도상국과 선진국의 달러화 대출 비중을 보여주고 있다.

출처: BIS global liquidity indicators

인상하고, Fed의 대차대조표를 축소하려는 이유도 여기에 있다. 그러니 이런 정책이 발표되자마자 글로벌 증시가 요동칠 수밖에 없다.

이렇게 높아진 물가수준을 관리하기 위해 Fed는 2022년 3월부터 본격적으로 통화긴축정책을 시작했다. 5월에 두 번째 금리 인상과 함께 6월부터는 양적완화를 시행하며 풀어둔 돈을 회수하는 양적긴축 Quantitative Tightening, QT을 시작한다고 발표했다. 이러한 정책은, 5월 CPI가 8.6%에 이를 정도로 높은 물가수준이 Fed가 원하는 2% 근처로 복귀할 때까지 계속될 가능성이 높다.

그러나 너무 급격하게 몰아치면 주가가 폭락하고 세계 경제가 '경기침체' 국면에 접어들 수 있기 때문에 Fed는 속도 조절을 하면서 진행할 것이다. 이때마다 달러화 인덱스도 강했다가 약해지면서 금융시장의 심리를 반영할 것으로 보인다.

투자자라면 인플레이션이 Fed의 목표치인 2%에 근접할 때까지 기다리는 것이 가장 중요할 수 있다. 그러나 주식시장은 항상 실제 펀더멘털보다 먼저 움직인다. 금리를 인상하기 시작한 순간부터 하락하는 것이 아니라, 금리 인상을 하려는 의도만 있어도 하락하는 것이 주식시장의 특징이다. 그렇다면 인플레이션 피크아웃이나 금리 인상 중단과 같은 완벽한 증거가 나타날 때가 아니라, 달러화 강세가 완화되는 시점부터 증시는 안정을 찾아갈 것이다.

그러므로 인플레이션에 고민이 많은 투자자라면 달러화 강세를 참조하면서 위험을 관리할 필요가 있다. 달러화 강세가 완전히 꺾이지 않았다면 긴축으로 인해 발생한 주가 하락의 추세는 아직 끝나지 않았다고 보고 대응해야 한다는 의미다. 반대로 달러화 강세가 누그러지거나 하락 전환을 시작했다면, 인플레이션이 어느 정도 고점에 가까워지고 있는 것으로 해석하면서 주식 비중을 늘리는 것도 좋은 투자 방법이다.

통화량 증가율과 달러화 인덱스의 관계

매월 마지막 주 화요일에 Fed는 미국의 월간 통화량을 발표한다. 인플레이션이 경제의 중요 현안으로 주목받고 있으니 투자자라면 이런 발표 내용들을 신경 써서 살펴보는 게 필요하다. 6월 28일에 발표한 5월의 통화량 증가율을 보면 향후 미국 경제에 어떤 일이 발생할지 대략 예상할 수 있다.

아래 그래프는 앞서 언급했던 통화량 증가율과 인플레이션을 비교한 차트다. 5월 통화량은 6.55%의 증가율을 기록한 것을 알 수 있다. 이 수치는 5월 인플레이션율Consumer Price Index, CPI 8.58%보다 낮은 수치다. 아울러 지난 20년간 미국의 평균 통화량 증가율인 7.16%보다도 낮다.

증권용어로 통화량 증가율과 CPI의 데드크로스Dead Cross가 발생한 것이다. 이번에 발생한 데드크로스는 향후 발생할 수 있는 증시, 채권 및 인플레이션 상황을 예측하는 데 아주 중요한 지표가 될 수 있다. 이를 염두에 두고 몇 가지 중요한 포인트를 점검해보자.

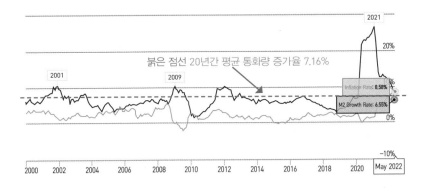

M2 yearly growth vs. inflation

통화량 증가율과 인플레이션 비교.

출처: https://www.longtermtrends.net/m2-money-supply-vs-inflation/

첫째, 통화량 증가율은 인플레이션에 항상 선행한다. 현재 통화량 증가율이 장기 평균 증가율 이하로 내려왔으니 7월 이후의 인플레이션은 빠른 속도로 안정될 가능성이 높다. 둘째, 자산시장은 통화량 증가율에 가장 크게 영향을 받으므로 고공행진 중에 있는 석유를 비롯해 원자재, 농산물 가격은 예상보다 빠르게 하락할 수 있다. 셋째, 이런 상황을 눈치채지 못하고 아직도 원자재나 농산물에 투자하고 있는 투자자들의 경우, 조만간 큰 손실을 떠안고 실패할 가능성이 높다.

대부분의 원자재 투자는 레버리지(대출)에 의존하게 되어 있으므로 가격 하락은 대출 상환 수요를 늘리게 된다. 이에 따라 달러화에 대한 수요가 일시적으로 증가하면서 달러화 인덱스 고점을 형성하게 될 것이다. 이런 예상대로라면 주식시장을 포함한 금융시장은 7월 말 또는 8월 초부터는 안정을 찾을 가능성이 높아 보인다. 이에 착안해 향후 원자재 및 금융시장을 바라보면 상황을 이해하고 파악하는 데 큰 도움이 될 것이다.

인플레이션발 주가 하락은 언제 끝날 것인가?

2022년 새해 들어선 이후 7월 초까지 주식시장은 연일 하락 중이다. Fed가 예상보다 높은 물가상승률을 잡아내기 위해 지속적인 금리 인상을 예고했기 때문이다. 7월부터는 대차대조표 축소까지 시작했으니 시중 유동성은 계속 줄어드는 추세일 것이다. 이처럼 금리 인상과 함께 진행된 대차대조표 축소는 통화량 증가율의 감소를 가져왔다. 그리고 이는 주식시장을 비롯한 주요 자산시장의 가격을 하락시키며, 투자자들의 마음을 아프게 하고 있다.

6월 FOMC에서 Fed 이사진들이 점도표를 공개하면서 2022년 말에는 3.4%까지 금리를 인상할 것이라 예고한 상황이다. 그렇다면 이번 주가 하락은 연말까지 이어질 수 있다는 얘기일까? 6개월 하락장에 몸도 마음도 지쳐가는데 다시 6개월을 기다릴 자신이 없는 투자자에게는 희망이 없다는 말인가.

앞서 필자는 미국의 통화량 증가율이 6월 말부로 장기 평균 증가율 이하로 하락했다는 사실을 언급했다. 예상보다 빠른 통화량 증가율의 감소는 하반기 주식시장의 희망으로 작용할 수 있다. 그러니 미리 좌절할 필요는 없다.

올해 주식시장의 하락은 민간의 신용 창출이 없는 상황에서 Fed와 미국 정부의 유동성 축소에서 시작되었다. 2021년 12월 증시 고점을 찍으면서 하락을 시작한 것은 3월 FOMC 이후 금리 인상을 개시할 것이라는 예상 때문이었다. 그렇다면 하락하는 증시의 추세가 상승으로 전환될 수 있는 가능성은 언제쯤 보일까? 금리 인상 속도 조절이나 중단 가능성이 대두되는 시점에서 그 가능성은 높아질 것이다. 그러니 Fed가 기존의 금리 인상 스케줄을 언제부터 조정할 수 있을지 그 시기를 고민해볼 필요가 있다.

이때 우리가 중요하게 고려해야 할 변수는 경기침체(리세션)다. 물가가 아무리 높다고 하더라도 Fed가 미국 경제를 망가뜨리면서까지 금리 인상을 지속하기는 어렵다. 물가가 높은 상황에서 경기침체로 넘어가기 위해서는 물가상승 추세가 완전히 꺾이는 것이 우선이다.

아래 그림에 나와 있듯이 Fed가 금리 인상 스케줄을 조정하기 위해서는 먼저 경기침체 우려감을 증폭시킬 경제지표가 악화되어야 한다. 이미 통화량 증가율이 장기 증가율 아래로 하락한 이상 7월부터 미국의 경제지표는 나쁜 성적을 발표할 가능성이 높다.

중요한 점 – 금리인상 중단이 늦어서 경지침체에 빠진다고 해도 증시는 경기침체를 해소하기 위해 시작되는 유동성 주입 가능성에 상승을 시작한다.

이런 지표가 발표되는 상황에서, 7월 말에 예정되어 있는 FOMC에서 다시 한번 0.75% 금리 인상이 진행된다면 미국 경제는 본격적인 리세션 논쟁에 빠져들 수 있다. 안타깝지만 나빠지는 Fed의 긴축정책의 기조 변화를 가져올 수 있어 증시는 그때부터 차츰 안정화 또는 상승으로의 추세 전환 가능성을 시험하게 될 것이다. Fed의 유동성 축소로 증시가 하락했으니 그 유동성 축소가 감속되거나, 경기침체 논쟁이 나오면서 다시 한번 페드 풋Fed Put에 대한 기대감이 돌기 시작할 때 상승을 시작할 수 있다는 것이다.

추가로 한 가지 기억해야 할 사항이 있다. 인플레이션의 시작이 갑자기 빨라지는 것처럼 하락도 비슷한 경로를 겪게 된다는 점이다. 7월 초 현재 국제유가는 6월 초에 기록했던 고점보다 약 -25% 하락했다. 그리고 주요 농산물 가격은 골드만삭스 농산물지수를 기준으로 6월 초보다 약 -30% 정도 하락했다. 주요 원자재 및 농산물 가격이 눈에 보일 정도로 하락했다는 것은 조만간 주요 제품의 가격도 내림세를 시작할 가능성이 높다는 것을 말해주는 시그널이다.

주유소에서 판매하는 휘발유 가격의 경우, 국제유가가 상승할 때는 실시간으로 반영된다. 반면 국제유가가 하락할 때는 가격 반영에 상당한 시간을 필요로 한다. 물가(인플레이션)도 이처럼 느리게 반응하기 때문에 한 달에 한 번 발표하는 소비자물가지수는 일정 시간이 흐른 뒤에 따라오는 느린lagging 데이터다. 그러므로 7월 하반기로 갈수록 미국의 인플레이션 상황은 예상보다 빠르게 진정될 수 있다는 점을 감안해야 한다.

금리 인상 후 자산시장, 정말 이번에는 다를까

1980년 이후 미국은 총 여섯 번의 금리 인상을 시도했다. 이 시기마다 미국증시는 건강한 경제를 반영하듯 매번 상승으로 화답했다. 심지어 폴 볼커Paul Volcker 전 Fed 의장이 인플레이션을 잡기 위해 기준금리를 24%까지 인상했던 1980년 초반에도 주식시장은 20%나 상승했다. 대다수의 증시 전문가들은 이런 역사를 감안해서 2022년 금리 인상 시기에도 이와 비슷하게 상승할 가능성이 높으니 걱정하지 않아도 된다며 투자자들을 안심시켰다.

부끄럽지만 필자도 그들과 같은 관점으로 2022년 상반기 주식시장을 좋게 본다는 의견을 유튜브를 통해 제시한 적이 있다. 그러나 3월부터 그런 나의 생각이 틀렸을 수도 있겠다는 우려를 갖기 시작했다. '이 번에는 다를 수 있다'는 주식시장의 대표적 문구가 현실화될 것이라는 생각을 하게 된 것은 지난 여섯 번의 금리 인상과 2022년의 금리 인상에 존재하는 차이를 발견한 이후부터다.

금리 인상, 매번 같은 결과를 낳지는 않는다

미국의 금리 인상 시기는 대부분 민간(가계와 기업)의 신용 팽창과 함께했었다. 신용이 팽창한다는 것은 가계와 기업이 투자를 목적으로 은행으로부터 대출을 받으려는 수요가 많다는 것을 의미한다. 신용 팽창이 가속화되었다는 것은 통화량이 늘었다는 의미고, 통화량이 늘어나고 있었으니 당연히 주식과 부동산도 상승으로 화답한 것이다.

이 시기에 Fed가 금리를 인상한 이유는 통화량의 증가 속도를 조절하기 위함이었다. 과도한 통화량 증가를 방치할 경우 자산시장에 버블이 생길 수 있고, 요즘 걱정하는 물가 상승으로 이어질 수 있기 때문이다. 지난 여섯 번의 인상은 정부와 중앙은행이 나서서 통화량을 늘린 것이 아니고, 민간 부문의 활발한 대출 수요 시기와 맞물려 있었던 것이다. 당시 여섯 번의 시기 모두 금리 인상에도 불구하고 통화량은 계속 늘어났고, 이에 따라 주식시장도 당연히 상승했다.

하지만 팬데믹 비상 상황에서의 통화량 증가는 과거의 금리 인상 시기와는 완전히 다른 양상을 낳았다. 정부의 재정지출과 Fed의 양적완화가 통화량 증가의 핵심이었다. 그런데 2022년 금리 인상기에는 민간에서 정부지출과 양적완화 없이도 경제가 정상적으로 돌아갈 만한 수준의 신용 팽창이 일어나지 않고 있다. 아래 그래프는 뉴욕 Fed가 매일 홈페이지를 통해 제공하는 역레포 Reverse Repurchase Agreement, RRP 금액의 추이를 나타낸 것이다.

역레포는 금융기관의 현금을 중앙은행에 예치해서 유동성을 흡수하는 것이다. 반면 레포 Repurchase Agreement, REPO 는 환매조건부채권으로 중앙은행이 금융기관에 채권을 담보로 돈을 빌려주는 유동성을 공급하는 장치다. 더 쉽게 설명하면 금융기관들은 이미 2021년 여름부터 돈 쓸 곳

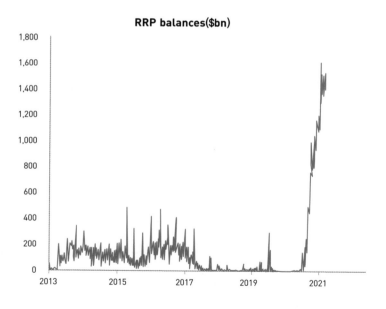

역레포 금액의 추이를 보여주는 그래프.

출처: 뉴욕 Fed

이 없으니 중앙은행에 0.05%의 이자만 받고 현금을 맡겨두었다.

과거 여섯 번의 금리 인상 시기처럼 신용 팽창이 증가했다면 금융기관이 저렇게 낮은 금리로 중앙은행에 돈을 맡길 이유가 없다. 그럼에도 불구하고 2022년 5월 5일 기준으로 1.8조 달러나 되는 엄청난 돈이 중앙은행에 들어와 있다는 것은 투자도 힘들고 대출도 어려운 위기상황에 대한 대비라고 해석할 수 있다. 이런 상황에서 Fed가 금리를 인상하겠다고 나선 것은 통화량이 빠르게 축소될 수 있음을 의미한다. 너무 높은 인플레이션을 낮추기 위해 울며 겨자 먹기식으로 금리를 인상하고 있는 것이다.

미래를 미리 가볼 수는 없지만 예측할 수는 있다

미국의 바이든 대통령은 지난해 의욕적으로 추진하던 인프라 법안의 진행을 소리 소문 없이 중단했다. 2022년 11월 중간선거를 앞두고 높아진 물가수준 때문에 지지율이 계속 하락하자 나온 고육지책일 가능성이 높다. 공화당은 현재 40년 만에 최고 수준으로 오른 물가를 바이든 대통령의 정책 실패라며 공격하고 나섰다.

이에 Fed는 재정지출이 더 이상 늘어나지 않는 상황에서 양적완화 축소 및 금리 인상을 진행하고 있다. 빠른 시일 안에 물가가 잡히지 않는다면 물가가 안정될 때까지 이번 정책은 계속될 가능성이 높다. 특히 6월 초에 발표한 미국의 5월 실업률은 3.6%로 1972년 이후 최저 수준이다. 거의 완전고용 상황이라는 점을 감안한다면 긴축정책은 더욱 강화될 수 있다. 과거와 달리 민간의 신용 팽창도 증가하지 못하는 상황이니 주식시장에는 나쁜 일만 대기하고 있는 셈이다.

이렇게 악재만 기다리고 있는 상황을 반영하듯 5월부터 증시는 빠른 속도로 하락하고 있다. 그렇다면 주식시장에는 희망이 없는 것일까?

아래 그래프는 지난 30년간의 기준금리 추이를 보여준다. 40년 만에 최고치를 기록하고 있는 인플레이션을 잡기 위해 Fed는 1994년 이후 처음으로 0.75%p 금리 인상을 실시했다. 그만큼 물가수준이 심각하다는 반증이다. 그런데 그래프에서 자세히 살펴봐야 할 부분이 있다. 바로 기준금리 고점을 이어놓은 기울기다. 신용화폐 시스템이 부채를 늘려야 경제가 유지되므로 기준금리 고점은 지난 30년 동안 계속 낮아지고 있

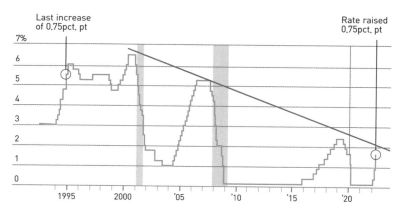

Federal-funds target rate

미국 기준금리의 30년간 추이(1995년부터 2022년까지).

출처: Federal Reserve

었다.

이는 일본이나 유럽의 과거 기준금리 상황과 비슷한 흐름을 보여준다. 기울기가 낮아지는 것은 높은 물가를 잡기 위해 자이언트 스텝을 동원하는 등 빠른 금리 인상을 하고 있지만, 과거처럼 오랫동안 고금리를 유지하기는 힘들다는 것을 의미한다. 6월 FOMC 회의 후에 공개한 점도표를 보면 연말까지 기준금리를 3.5%까지 높일 것임을 알 수 있다. 그러나 과거 기준금리 추이와 점점 낮아지는 기울기를 감안하면 이번 금리 인상 추세는 어쩌면 2.5% 근처에서 속도 조절에 대한 논쟁이 시작될 가능성이 높다. 특히 앞서 언급했던 통화량 증가율의 빠른 하락과 이에 따른 인플레이션 하향 안정화 가능성에 주목해야 한다.

이런 이유로 7월 말에 예정되어 있는 FOMC 이후가 중요하다. 그리고 7월부터는 일단 2년 만기 채권금리 상황을 주시하면서 비관적인 생각보다는 긍정적인 관점을 갖는 것이 필요해 보인다. 점도표상의 연말 기준금리 예상치가 3.5%라고 했지만 그것은 반드시 올리겠다는 절대적인 수치가 아니다. 인플레이션 완화 정도에 따라 향후에 2년 만기 채권금리가 하락한다면 7월 이후의 기준금리 인상 속도가 조절될 수 있다는 점도 열어두고 시장을 관찰하면 좋을 것이다.

환율의 상승과 하락은
주식시장에
어떤 신호인가

사람의 인체는 여러 가지 신비한 작용을 한다. 그중 하나가 '땀'이다. 인간은 체온이 너무 낮거나 높아도 생명 유지에 문제를 일으키는데, 이런 체온을 조절하는 데 땀이 중요한 역할을 한다. 몸에 열이 많아지면 인체는 자연스럽게 땀을 배출해 체온을 낮춘다. 반대로 추워지면 오한을 느끼게 해 옷을 따뜻하게 입으라는 신호를 보내준다.

경제에서는 '환율'이 인체의 땀과 같은 역할을 한다. 한 국가의 국가경쟁력이 낮아져서 화폐가치가 하락하면 달러 대비 환율이 상승한다. 그렇게 되면 수출 단가가 내려가면서 경쟁력을 회복할 수 있는 단초를 제공한다. 반대로 국가경제가 건강하면 화폐가치가 높아지면서 달러 대비 환율이 하락한다. 이렇게 환율은 경제에서 체온을 조절하는 땀과 같은 중요한 역할을 하고 있다.

환율 상승은 무엇을 암시하는가

환율은 투자시장에서 중요한 지표 중 하나다. 미국이 통화량을 늘려서 인플레이션 상황을 연출하면, 자본은 낮은 조달비용을 감안해 전 세계 곳곳에서 수익을 찾아내는 활동을 한다. 그 돈은 한국 주식과 부동산에도 들어오게 된다. 이렇게 달러가 한국에 들어와서 원화로 환전되면 원 달러 환율은 하락하게 된다. 달러가 많아지면서 국가경쟁력이 높아지기 때문이다. 반대로 한국에 들어와 있는 돈들이 무슨 이유에서든 자산을 팔고 달러화로 환전해서 유출되면 원 달러 환율은 상승하게 된다. 원화의 화폐가치가 하락하기 시작하는 것이다.

전 세계 통화량의 2/3가 미국 달러화니 미국에서 금리를 인상하거나 통화량을 줄이려는 신호가 나오면 이들은 하루라도 빨리 한국에 투자한 주식이나 부동산을 팔고 미국으로 돌아가 대출을 갚으려 한다. 미리 팔지 못하고 미적대다가 시기를 놓치면 큰 손실을 봐야 하기 때문이다.

이런 흐름을 기억해서 원 달러 환율이 상승하면 달러화에 대한 수요가 많아졌다는 것으로 해석하면 된다. 달러화에 대한 수요가 많다는 것은 어떤 이유에서건 미국 은행들이 대출 상환을 요청하거나 그럴 가능성이 높다는 것을 의미한다. 위험자산에 대한 투자를 줄여서 이를 상환하는 흐름으로 이해한다면, 주식투자에 대한 비중을 축소하는 게 바람직할 수 있다.

환율이 상승하는 이유

원 달러 환율이 상승하는 이유는 크게 내부적 이유와 외부적 이유 두 가지로 나뉜다. 내부적인 이유는 지난 IMF 외환위기처럼 한국 경제의 펀더멘털이 좋지 않아서 발생할 수 있다. 무역수지 적자가 계속 이어질 때 가장 빈번하게 나타난다. 두 번째 이유는 한국 경제 내부의 이유가 아닌 글로벌 거시경제 이슈 때문에 생길 수 있다. 지난 2008년 글로벌 금융위기, 2012년 유럽재정위기, 2020년 팬데믹 상황 그리고 최근 미국의 긴축 상황에서 환율이 상승하는 것은 외부적 요인이다.

Figure 1: USD weakness is good news for the KOSPI

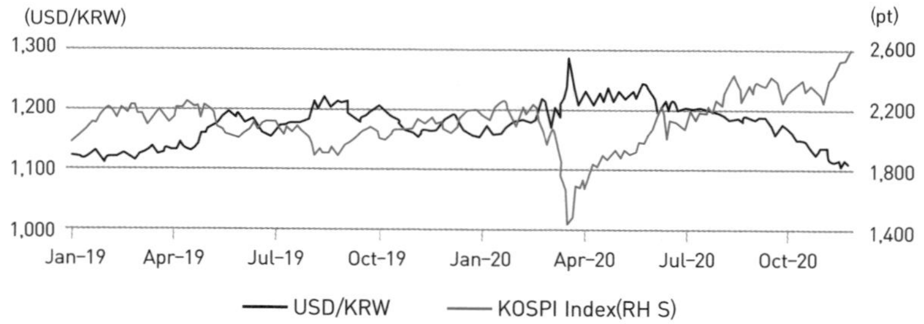

Source: the BLOOMBERG PROFESSIONAL™ service, Credit Suisse
원 달러 환율과 KOSPI의 변화 추이를 비교한 그래프.

출처: Credit Suisse

앞 페이지의 그래프는 크레디트 스위스가 발간한 원 달러 환율과 KOSPI를 비교한 것이다. IMF 외환위기 이후 외부적인 변수에 의해 상승했을 때의 환율을 보면 1,300원이 마지노선이었다. 물론 2008년 금융위기 당시 1,400원을 넘어선 적이 있었지만 그때는 글로벌 금융경색 시기였으니 예외로 봐야 한다. 그 외에는 1,300원을 고점으로 안정을 찾아가곤 했었다. 이를 감안하면 원 달러 환율이 1,200원을 넘어갈 때는 주식 비중을 줄이고, 반대로 1,300원 근처에 도달하면 주식 비중을 확대하는 전략이 좋아 보인다. 그런데 나의 예상과 다르게 원 달러 환율이 1,300원을 돌파할 경우에는 어떻게 해야 할지에 대해서도 고민해봐야 한다. 만약 그런 상황이 발생한다면 두 가지를 살펴야 한다.

첫째, 달러화 인덱스 흐름을 봐야 한다. 달러화 인덱스가 계속 강세를 유지하기 때문에 원 달러 환율이 상승한다면 큰 문제가 아니다. 우리가 걱정해야 할 때는 달러화 인덱스가 상승하지 않거나 달러가치 상승보다 원화가치 하락률이 훨씬 높을 때다. 이런 현상은 한국 경제에서 대규모 부실이 발생하거나 또는 무역적자를 포함하는 경상수지 적자 폭이 확대되거나 줄어들 가능성이 없을 때 나타난다.

한국 경제 내부의 문제가 아니라면 Fed의 유동성 확충이 시작될 때 원화가치도 안정될 수 있다. 반대로 한국 내부의 문제라면 종목이나 투자 분야(주식, 부동산 등)에 관계없이 일단 위험관리를 최우선으로 해야 한다. 국내 자산은 비중을 축소하고 대출을 줄이면서 달러화 비중(외국 주식 포함)을 늘리는 등의 적극적인 안전대책이 필요하게 될 것이다.

'연준 풋',
수렁에 빠진 주식시장의
구세주가 될 것인가

거시경제의 흐름을 읽기 위해서는 가장 먼저 Fed를 비롯한 글로벌 주요 중앙은행의 임무에 대해 알아야 한다. 그들의 첫 번째 임무는 자국 화폐 가치를 지켜내는 것이다. 현대 경제의 화폐를 우리는 신용화폐라고 부른다. 금과 같은 내재가치가 아닌 '신뢰'를 중심으로 거래가 이루어진다는 의미다. 그래서 투자자들은 화폐에 대한 신뢰도가 떨어지면 화폐 대신 원자재, 농산물, 부동산, 금 등을 선택한다. 경제의 핏줄이 화폐인데, 그것을 버린다는 것은 경제가 붕괴될 수 있는 신호라 할 수 있다.

연준이 잡아야 할 두 마리 토끼

과거 1, 2차 세계대전 후의 독일과 최근 짐바브웨, 터키 등의 사례에서 우리는 자국 화폐에 대한 신뢰가 떨어지면 어떤 일이 벌어지는지 똑똑히 지켜봤으며, 오랜 경제 역사에서도 배웠다. 모든 움직이는 것들에는 가속도 법칙이 적용된다. 화폐가치에 대한 신뢰도 마찬가지다. 미리미리 속도를 제어하지 않으면 통제 불능의 상황을 피할 수 없다. 이를 미리 예방하기 위해 Fed가 나선 것이다. 그러므로 인플레이션 대책이란 달러가치, 즉 달러에 대한 신뢰를 지켜내는 중요한 정책이라고 할 수 있다.

주요 중앙은행의 두 번째 임무는 물가안정과 완전고용이다. 사람들은 화폐가치와 달러에 대한 신뢰를 이야기할 때 그것을 직접 피부로 느끼지는 못한다. 반면에 나의 일자리가 사라지는 것은 참지 못한다. 곧바로 중앙은행장을 임명한 정치인에게 비난의 화살을 날리고 다음 선거에서 복수하겠노라 다짐한다.

하지만 물가안정을 위해서는 통화량을 줄여야 하고, 통화량이 줄면 경제가 안 좋아지고 고용상황도 나빠질 수밖에 없다. 그럼에도 불구하고 일자리만은 지켜줘야 한다. 이 점은 중앙은행이 통화량을 늘리거나 줄이는 과정을 주도하는 정책을 시행할 때 중요한 요소가 된다.

경기를 부양하기 위해 통화량을 늘리면 경제가 좋아지니 일자리가 늘어나지만 물가가 올라간다. 이때 Fed는 고용안정이 충분히 이루어졌다고 생각하는 시점부터 통화량 증가율 조절에 나선다. 반대도 생각해

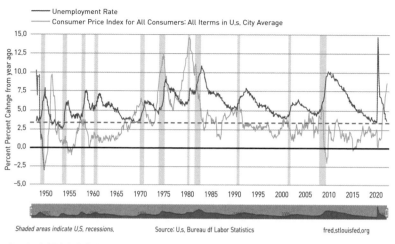

─── Unemployment Rate
─── Consumer Price Index for All Consumers: All Iterms in U.s. City Average

미국의 실업률(검정색)과 소비자물가지수(붉은색)를 비교한 그래프.

출처: 세인트루이스 Fed

야 한다. 물가안정을 위해 통화량을 강력하게 조절하다가도 고용안정이 훼손될 가능성이 높아지면 더 이상 진도를 빼지 못하고 멈춘다.

위 그래프는 미국의 실업률과 소비자물가지수의 추이를 보여주고 있다. 1950년 이후부터 현재까지 미국 경제에서는 실업률이 최저일 때 항상 인플레이션이 피크를 치고 올랐다. 반대로 인플레이션이 낮았을 때는 실업률이 고점이었다. 이는 Fed가 통화량을 조절하면서 실업률이 낮아질 때는 화폐가치를 위해 금리를 올리고, 반대로 실업률이 나빠질 때는 금리를 낮추면서 경기 활성화를 위해 통화정책을 펼쳤다는 것을 말해준다. 즉 무턱대고 통화량을 원하는 수준까지 줄이고 늘이는 것이 아니라, 미국 경제의 고용 상황을 고려하고 있다는 뜻이다.

2022년 4월 미국의 실업률은 3.6%로, 지난 1970년 이후 최저치를

기록 중이다. 거의 완전고용 수준을 유지하고 있을 만큼 현재 미국 경제
는 아주 튼튼하다는 것을 보여주는 지표다. Fed가 3월부터 지속적으로
금리를 올려서 인플레이션을 잡겠다고 공언하는 자신감의 이면에는 이
렇게 안정적인 고용지표가 자리하고 있다.

미국의 실업률은 주가에 어떤 영향을 미치는가

6월 FOMC 이후 파월 의장은 기자회견을 통해 경제 상황을 고려하
면서 대응하겠다고 발언했다. 그와 함께 금리 인상의 근거로, 완전고용
수준인 3.6%의 현재 실업률이 4.1%까지 높아질 수 있다는 의견을 내놓
았다. 현재의 인플레이션이 너무나 높아서 6월에 이어 7월에도 0.75%p
금리 인상을 진행할 수 있다는 의견도 밝혔다.

그럼에도 불구하고 2018년의 '오토 파일럿'Auto Pilot(경제 상태와 상관없
이 예정된 금리 인상을 진행하겠다고 했던 발언)처럼 무조건 금리 인상을 예
고하지는 않았다. 향후 경제 상황을 고려하면서 경제가 리세션에 빠지
지 않도록 하는 소프트랜딩Soft Landing(연착륙)을 추진하겠다는 의사도 분
명히 했다. 이때 소프트랜딩의 기준으로 실업률 4.1%를 제시했다는 것
을 감안하면, 현재의 금리 인상 속도는 고용지표의 방향에 따라 새롭게
정해질 수 있다. 인플레이션이 조금씩 완화되는 상황에서 미국의 실업
률이 4.1%에 근접하게 될 때는 다시 한번 연준 풋을 기대해도 된다는
의미다.

인플레이션에 관한
치명적인
오해

지난 4월과 5월 사이 미국증시가 본격적으로 하락하면서 투자자들은 미국의 물가수준이 생각보다 심각하다는 것을 느끼기 시작했다. 지난 팬데믹 이후 경제 정상화를 위해 투입한 돈의 양이 워낙 많았으니 그 금액을 다 회수하기 전에는 물가가 잡히기 어렵겠다는 걱정을 하기 시작한 것이다.

연이은 기준금리 인상과 대차대조표 축소로 2020년 3월 이후 풀어둔 5조 달러를 다 회수한다면, 증시는 지금 수준에서도 안정되기 어렵겠다는 비관론이 지배하기 시작했다. 그런데 과연 그럴까? 결론부터 말하자면 그런 걱정은 접어두는 게 좋다. Fed가 펼치는 인플레이션정책을 정확히 이해하게 되면 필자의 결론도 이해할 수 있게 된다.

Fed의 물가 잡기에는 비밀이 숨어 있다

아래 그림을 한번 보자. 맨 왼쪽 아래에 인플레이션 수준을 100(기준점)으로 생각하고 현재 상황을 유추해보자. 2020년 3월 팬데믹으로 경제가 혼란에 빠지자 미국 정부와 Fed는 다양한 경제지원정책을 통해 유동성을 주입하기 시작한다. 2020년 12월 코로나 백신이 생산되어 상황이 안정되자 투입된 돈이 본격적으로 활동하면서 물가는 급격히 오르기 시작한다. Fed는 '일시적'이라고 안심을 시켰지만, 2021년 12월부터는 물가를 잡기 위해 금리 인상 및 대차대조표 축소를 시사하는 발언을 한다. 2022년 3월부터 시작된 금리 인상으로 연말까지 공격적인 통화정

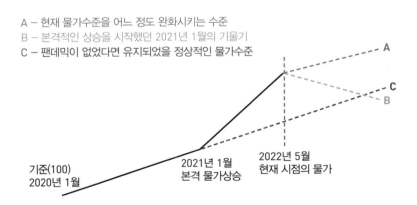

A - 현재 물가수준을 어느 정도 완화시키는 수준
B - 본격적인 상승을 시작했던 2021년 1월의 기울기
C - 팬데믹이 없었다면 유지되었을 정상적인 물가수준

기준(100)
2020년 1월

2021년 1월
본격 물가상승

2022년 5월
현재 시점의 물가

2020년부터 2022년 5월까지 인플레이션 추이와 Fed가 원하는 방향

책을 암시하자 증시는 본격적인 하락 국면에 진입하게 된다.

여기에 중요한 포인트가 있다. 팬데믹이 일어나지 않았을 경우의 물가수준 그래프는 'C'로 표시했다. 그런데 Fed가 미래에 원하는 인플레이션 상승률은 어느 지점인지 생각해보자. '5월 현재 시점 물가'에서 A로 올라가는 것을 원할까? 아니면 정상적인 C의 수준에 근접하는 B를 원할까? 대부분의 투자자들은 Fed가 C를 기준으로 B 수준까지 인플레이션 상승률이 하락하는 것을 원한다고 생각할 것이다. 하지만 이는 오해다. 바로 그것이 주가가 폭락할 것이라고 오판하게 하는 원인이다.

정답은 A다. Fed가 원하는 것은 기준점으로의 회귀가 아니라 급등한 수준에서 적당히 안정되는 것이다. "말도 안 돼. 어떻게 그럴 수가 있지?"라며 필자에게 항의하는 독자들이 많을 것이다. 그전에 지금부터 전개할 내용에 주목해보자.

우리는 신용화폐 시스템 속에서 살고 있다. 여기에서는 통화량이 줄면 경제위기가 오게 된다. 그 점 때문에 Fed는 물가를 원래 수준이 아닌 작년 대비 2%까지만 상승하길 원한다. 작년 수준을 인정하고, 올해는 거기서 2%만 올랐으면 하는 것이다. 이를 확인하기 위해 세인트루이스 Fed에서 제공하는 자료를 참조해보자.

다음 페이지의 그래프는 지난 5년간의 에너지와 식품 분야를 제외한 미국의 CPI를 보여주고 있다. 중요한 것은 '빨간 박스' 안에 표시된 내용이다. 박스에는 1984년의 CPI 지수를 '100'으로 표시한다고 되어 있다. 그래서 이 그래프는 1984년의 물가수준을 100으로 두고, 2022년 4월 물가지수가 290.455까지 상승하고 있는 추이를 보여준다. 우리가

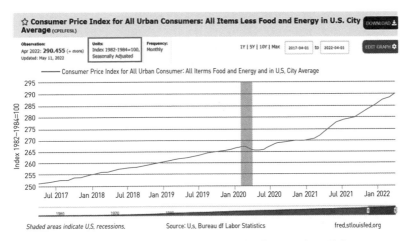

2017년부터 2022년까지 에너지와 식품을 제외한 미국의 CPI 추이를 보여주고 있다.

출처: 세인트루이스 Fed

주목 할 점은 Fed가 지금까지 관리해온 물가는 1984년 기준이 아니라 거기서 매년 2%씩 복리로 증가하는, 즉 점진적으로 상승하는 물가라는 점이다.

그래프 중간에 회색으로 표시한 부분은 지난 팬데믹 직후에 급격하게 통화량이 감소하면서 물가가 마이너스로 전환되었던 시기다. 앞에서 필자는 인플레이션이란 통화량이 증가하면서 그 결과로 물가가 상승하는 것이라고 정의했다. 그러므로 신용화폐 시스템에서 물가가 급격하게 하락한다는 것은 통화량이 줄어들었다는 것을 의미한다.

신용화폐 시스템 하의 자본주의 경제는 매년 부채가 늘어나야(통화량이 증가해야) 정상적인 경제라 할 수 있다. 당연히 물가도 일정 수준 이상으로, 복리로 계속해서 높아져야 하는 것이다. 이를 위해 Fed가 관리하는 물가수준은 과거로 회귀하는 것이 아니라, 전년도 수치 대비 2% 인상된 수준에서 안정되는 것을 의미한다. 이미 높아진 물가수준의 현실을 인정하고 그 수치에서 2% 정도만 올라주기를 원하는 것이다.

과도한 공포심과 비관론을 거둬야 하는 이유

마지막으로 한 가지만 더 살펴보자. 아래 도표는 2020년 12월부터 현재까지 미국의 소비자물가지수를 보여주고 있다. 'YOY'란 전년 동월 대비 물가수준을 표시했다는 것을 의미한다. 지난 3월 미국의 CPI지수는 40년 만에 최고치인 +8.5%(YOY)를 기록했다. 이때 감안해야 하는 것이 +8.5%라는 수치는 2021년 3월 수치 대비라는 사실이다. 2021년 3월의 물가상승률이 2020년 대비 +2.6%로 본격적인 물가 상승국면 이전이었으니, 2022년 3월 CPI가 높게 나왔음을 알 수 있다.

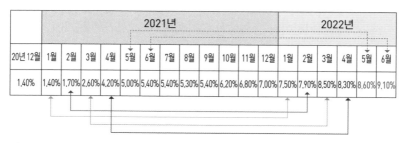

		2021년											2022년					
20년 12월	1월	2월	3월	4월	5월	6월	7월	8월	9월	10월	11월	12월	1월	2월	3월	4월	5월	6월
1.40%	1.40%	1.70%	2.60%	4.20%	5.00%	5.40%	5.40%	5.30%	5.40%	6.20%	6.80%	7.00%	7.50%	7.90%	8.50%	8.30%	8.60%	9.10%

미국 소비자물가지수의 상승률(YOY).

출처: investing.com

Fed가 통화정책의 근거로 사용하는 CPI는 이렇게 1년 전 수치와 비교하는 것이다. 그러므로 1년 전에 많이 올랐다면 기저효과로 인해 상승률이 자연스럽게 완화될 수 있다. 미국의 소비자물가가 크게 오르기 시작한 것은 2021년 5월 이후다. 현재 에너지 가격이 크게 상승하면서 40년만에 최고치를 기록했지만 기저효과를 감안한다면 시간이 지날수록 그 속도는 안정화될 가능성이 높다.

6월의 0.75%p 인상에 이어 7월에도 다시 한번 자이언트 스텝이 실시될 경우 미국의 인플레이션은 예상보다 빠르게 잡힐 수도 있다. 이러한 흐름은 미국의 2년 만기 채권금리에 이어 기준금리에도 반영될 것이다. 실제로 6월 FOMC에서 예상보다 높은 수준의 금리 인상을 단행했음에도 불구하고 2년 만기 채권금리는 하락하기 시작했다. 이번 하락이 추세적 하락이 아니더라도, 6월 초에 기록했던 2년 만기 채권금리의 고점인 3.44%를 넘지 않는다면 증시는 그 이후부터 점차 안정을 찾아갈 가능성이 높다.

민주주의가 부채를 계속 늘리게 한다?

2022년 상반기 증시가 SP500지수 기준으로 −20% 넘게 하락하자 이번에도 어김없이 증시 비관론자들이 등장하기 시작했다. 그들이 증시를 나쁘게 보는 데는 나름의 이유가 있으니 무시할 수만은 없다.

매번 비슷하게 반복되듯이 역시 "이번에는 다르다."는 말이 회자되고 있다. 이미 여러 번 부채 확대를 통해서 위기를 벗어났고, 그 결과 예상을 초과한 인플레이션이 발생한 것이다. 이런 이유로 이번 위기를 개선하기 위해서 막대한 돈을 풀기는 어렵다고 말하면서, 이번에는 진짜 다를 것이라 주장하는 것이 그들의 논지다. 언제까지나 부채 확대를 위기를 극복할 임시방편으로 쓸 수는 없다. 그러니 이번 위기가 길어질 것이라 말하는 것이다.

신용화폐를 사용하는 현대 자본주의 경제 시스템에서 부채는 마약과 같다. 중독된 마약을 치료하기 위해서는 고통을 피할 수 없다. 부채를 사용하지 않고 위기를 해소하려면 긴 시간과 함께 성장의 단맛을 포기하는 것 외에는 방법이 없다. 이론상으로 가능한, 부채를 사용하지 않는 경제 재건은 현실에서는 사용할 수가 없다. 그 이유는 현대사회가 선거를 통해 정치세력을 정하는 민주주의 정치 체제를 바탕으로 하기 때문이다.

어느 정치인이 자신이 집권하는 기간에 고통을 감수하자고 말할 수 있을까? 어떤 국민도 미래를 위해 현재 고통을 감내하자는 정치인에 절대로 투표하지 않는다. 민주주의가 지속되는 한 부채 투입을 통한 경제위기, 경제성장의 쉬운 길은 계속 이어질 것이다.

그런데 사실 독재정권이라 해도 이와 다르지 않다. 독재정권이 미래를 생각한다면 독재 자체를 하지 않을 것이기 때문이다. 경제 시스템에서 부채를 통한 성장은 새로운 시스템이 출현하기 전까지는 계속될 것이다. 마치 수건 돌리기처럼.

과연

비트코인은

쓰레기인가

"전 세계 모든 비트코인을 25달러(약 3만 원)에 준다고 해도 안 산다."

지난 4월 말 미국의 오마하에서 열린 버크셔해서웨이 주주총회에서 워런 버핏Warren Buffett이 한 말이다. 비트코인이 쓰레기보다도 못한 대접을 받은 셈이다. 그것도 전설의 투자 귀재인 버핏의 말이니 암호화폐 투자자들에게는 멘붕을 넘어 논란의 여지가 충분한 발언이었다.

그렇다면 정말 비트코인은 버핏의 말처럼 전혀 가치가 없는 것일까? 버블이라는 용어가 나올 때마다 언급되는 네덜란드 튤립처럼 취급해도 되는 것일까? 이에 대해서는 조금 더 생각해볼 필요가 있다.

튤립 버블과 비트코인의 차이점

네덜란드 튤립을 둘러싸고 벌어진 일들은 정말 상식을 넘어선 말도 안 되는 버블이었다. 한낱 꽃의 구근이 광기에 가까울 정도로 높은 가격에 거래되었다는 것 자체가 난센스다. 도대체 어떻게 만물의 영장인 인간이 그런 비이성적인 판단을 할 수 있을까? 물론 군중심리로는 충분히 설명이 가능하다. 남들이 모두 튤립 구근을 사대니 분명 무언가 있을 거란 생각에 나도 모르게 그 열풍에 동참하는 것이다. 특히 그것이 돈이 되고 너도 나도 거래를 한다면 튤립이 아니라 쓰레기라도 사려 덤벼들었을 것이다.

주식의 버블도 그런 식으로 형성된다. 가치보다 엄청나게 높은 가격에 거래되는 것도, 그런 거래에 불나방처럼 달려드는 것도 '나만 수익을 내고 빠져나올 수 있으면 돼'라는 믿음 때문이다. 아무튼 튤립 구매는 버블을 넘어 광란의 사건이었다.

그렇다면 비트코인도 튤립 구근처럼 전혀 쓸모없는, 말도 안 되는 쓰레기로 취급해야 할까? 우리가 생활하는 데 있어서 비트코인이 없다고 해도 전혀 불편하지 않고, 실물 자체가 없다는 점을 감안한다면 그렇게 생각할 수도 있다. 그러나 필자의 견해는 다르다. 비트코인의 내재적 가치에 대해서는 전기요금이나 CPU 등 투입된 원가가 얼마인지 알 수 없어서 논하기 어렵다. 하지만 화폐의 사용가치가 있다는 점은 주목할 필요가 있다.

비트코인은 이미 주요 투자자산으로 인정받고 있다

지난 2월, 러시아가 우크라이나를 전격 침공했을 때의 일이다. 볼로디미르 젤렌스키Volodymyr Zelensky 우크라이나 대통령은 자신의 트위터 영상을 통해 "러시아와의 전쟁에 필요한 자금을 비트코인으로 기부해달라."고 요청했다. 이에 전 세계에서 기부 행렬이 이어지며 비교적 큰돈이 모였다. 튤립의 경우 꽃을 피우는 목적 외에는 사용할 곳이 없었다. 그러나 비트코인은 전쟁 상황이 일으킨 네트워크 단절이나 은행 시스템이 파괴된 상황에서 화폐의 역할을 하고 있었다.

ChosunBiz
우크라이나에 '비트코인 기부' 쇄도..12시간 만에 5억원 모금
박수현 기자 입력 2022. 02. 25. 14:01 수정 2022. 02. 25. 15:44 댓글 0개

필자는 비트코인의 현재 가격이 적당한지 아닌지에 대해 논하려는 게 아니다. 다만 화폐로서, 디지털 환경에서 일정 수준의 역할을 하고 있다는 점에 주목하고 있다. 즉 비트코인이 화폐로서의 역할 가치를 지니고 있다고 보는 것이다.

아울러 이미 금융시장에서 자산의 일부로 인정받고 있는 점도 감안해야 한다. 비트코인은 미국 CME 선물거래소에 상장되어 있을 뿐만 아니라, 뉴욕증권거래소에서 ETF로 비트코인을 거래할 수 있다. 이미 주요 금융기관에서 자사 투자자들에게 포트폴리오 차원에서 일부 편입을

권하고 있다는 점도 고려해야 한다. 금융기관들조차 거래 수단이나 교환가치로 비트코인을 인정하고 있는 것은 광범위한 투자의 대상이 되고 있음을 입증하는 것이다. 모바일 및 인터넷의 다양한 서비스에서 암호화폐의 지불 기능은 덤이다.

이런 점을 감안할 때 워런 버핏의 발언은 비트코인에 대한 폄하가 아니라 '나는 주식투자에 더 집중하겠다'는 의미로 이해하는 것이 좋을 것이다. 블록체인 기술을 기반으로 하는 다양한 서비스가 계속 나오고 있는 환경을 감안해도 암호화폐시장은 이미 주류 투자시장에 편입되어 있는 것으로 봐야 한다. 최근 금리 인상 및 긴축 국면에서 비트코인이 보여준 흐름은 밸류에이션이 무척 높은 성장주와 움직임이 유사하다. 누가 인정하든 안 하든 이미 시장은 투자자산으로 인정하고 있다는 사실이 중요하다.

암호화폐의 하락은
자산시장 대폭락의
마무리인가

암호화폐의 가치에 대해서 이야기하려면 책 한 권을 할애해도 부족하다. 그러므로 필자는 암호화폐와 관련해 시장에서 인정하는 부분에 대해서만 언급할 생각이다. 가치 여부에 상관없이 시장이 인정하는 역할과 지위가 있는 이상 나의 투자 여부와는 무관하게 주목할 이유가 있으니 말이다. 그것은 마치 '대중이 좋아할 만한 주식을 사라'는 이치와 같다.

암호화폐 중 비트코인에 관해서는 나의 신념과 도덕적 당위성을 근거로 논쟁할 생각도, 그럴 이유도 없다. 당연히 지금 비트코인에 투자하라고 권유하는 것도 아니다. 다만 이미 자산시장에서 투자의 대상으로 인정받고 있다는 점을 감안해 설명하려는 것이다.

나스닥 지수와 동일한 추세를 보이는 비트코인

작년 10월, 미국증시에 비트코인 ETF가 정식 상장되었다. 흥미로운 것은 이후 비트코인 가격이 주식시장의 변동과 유사한 흐름을 보여주고 있다는 점이다. 특히 나스닥 지수와 비슷한 흐름을 보이며 나스닥 지수가 상승하면 오르고, 하락하면 내리는 동조화를 보여주고 있다. 이를 감안한다면 미국 주식시장 참가자들은 비트코인을 밸류에이션이 높은 성장주로 취급하고 있는 것으로 보인다.

주식시장에서 성장주는 회사가 지닌 내재가치보다 훨씬 높은 가격으로 거래되는 종목을 말한다. 실질가치는 작지만, 향후 지속적으로 성장해나가면서 더 큰 회사로 성장하리라는 기대를 주가에 반영시키는 종목들이다. 주식시장에 상장된 그 어떤 기업도 일정 수준의 내재가치는 갖고 있다. 그런데 암호화폐는 그 자체만으로는 내재가치를 측정할 방법이 없다. 디지털 자산이기 때문이다. 이런 점을 감안하면 암호화폐는 성장주 중에서도 가장 고평가를 받고 있는 종목으로 간주될 수 있다.

이렇게 밸류에이션이 높은 성장주가 자산시장에서 투자자와 통화량의 변수에 의해 어떻게 움직이는지 알아둘 필요가 있다. 자산시장에는 수많은 투자자산이 있는데, 편의상 크게 세 가지로 분류해보자. 분류의 기준은 전체 투자자산에서 돈을 투자하는 비중이다. 정확한 금액을 측정할 수 없으니 정성적인 크기로 분류하려 한다.

다음 페이지의 그림은 자산시장의 규모에 따른 가격 상승의 순서를 보여준다. 투자금의 비중을 감안하면 '채권 또는 부동산시장〉주식시장〉

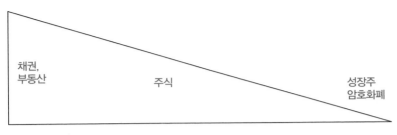

자산시장의 규모에 따른 가격 상승의 순서.

성장주/암호화폐' 순으로 정리할 수 있다. 투자자산은 인플레이션과 같은 흐름으로 채권과 부동산에 돈이 몰린 이후에 주식시장으로 이동한다. 그렇게 이동한 자금이 어느 정도 차면 마지막으로 성장주로 이동한다. 즉, 돈이 많이 몰리는 자산시장부터 오르고 맨 마지막에 성장주와 암호화폐가 오르는 것이다. 그러므로 자산시장이 고점을 완성한 후에는 맨 끝에 있는 성장주와 암호화폐가 고점일 가능성이 높다.

암호화폐와 성장주의 급락이 의미하는 것

이번에는 자산시장이 하락 추세에 접어들면 어떤 순서로 변동성이 커지는지 종류별로 살펴보자. 당연히 자금 규모가 큰 왼쪽의 채권과 부동산이 먼저 하락해서 주식시장으로 이어지다가 마지막으로는 성장주와 암호화폐의 하락으로 마무리된다.

이때 주의해야 할 것은 하락폭(변동폭)이다. 많은 돈이 투입되어 있는 섹터가 변동성이 클 것 같지만 실제는 가장 적은 돈이 투입된 섹터의 변

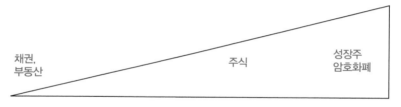

자산 가격 하락 국면에서 변동성이 큰 자산의 순서.

동성과 하락폭이 가장 크다. 그 이유는 바로 '레버리지' 때문이다. 여러분이 위의 자산을 담보로 은행에서 대출을 받는다고 가정해보자. 가장 왼쪽에 있는 채권과 부동산을 담보로 받은 대출의 금액이 가장 크고, 이자율은 가장 낮게, 담보비율은 높게 산정받을 것이다. 반대로 성장주와 암호화폐는 금액이 가장 적고 대출 기간이 짧으며, 대출 이율은 높게 산정받아 가장 불리한 대우를 받게 될 가능성이 높다.

이런 상황에서 금리를 올리는 등 Fed의 긴축정책이 점점 강화될 가능성이 높다면 어떤 자산부터 먼저 팔아서 갚아야 할까? 답은 정해져 있다. 일단 성장주와 암호화폐를 팔고 빠져나와야 한다. 이런 이유로 성장주와 암호화폐는 작은 변동성에도 크게 가격이 출렁일 수밖에 없다. 적은 돈이 들어가 있으니 적은 양이 유출되어도 크게 오르거나 내리게 된다.

돈의 양이 적은 섹터는 전체 자산시장에 미치는 영향도 적다. 가령 삼성전자나 현대자동차가 흔들릴 때와 지방에 있는 중소기업이 무너질 때의 영향은 굳이 따져볼 필요도 없다. 마찬가지로 전체 자산시장에서 영향을 주는 순서는 비중대로 움직이게 된다. 그런데 이렇게 비중이 작은 분야가 흔들리면서 시장의 주목을 받을 때도 있다.

2022년 5월, 알트코인인 테라와 루나 사태가 일어났을 때다. 하룻밤 사이에 무려 97%가 폭락하면서 투자시장 전체를 뒤흔들었다. 그런데 어떤 이유에서든 비중이 가장 작은 섹터가 크게 흔들리면서 전체 자산시장의 주목을 받을 때는 대부분 하락의 마무리 수순일 가능성이 높다. 동지를 지나고부터 낮의 길이가 길어지고, 정오 땡볕 이후부터는 기온이 바뀌는 것과 같은 이치다. 이는 암호화폐의 내재가치 여부를 떠나 시장에서 가장 레버리지가 큰 성장주로 인정받고 있기 때문이다. 이런 점을 기억하고 암호화폐를 바라보면 자산시장의 고점과 저점을 나름대로 유추할 수 있는 판단력이 생기게 된다.

이와 비슷한 일이 지난 5월 24일 미국증시에서 일어났다. 동영상 소셜미디어업체인 '스냅'SNAP 주가가 급락한 것이다. CEO가 2분기 실적 악화를 경고하는 내용의 메일을 직원들에게 보냈다는 사실이 알려지면서 당일 스냅 주가는 −43% 폭락했다. 이는 동종업체와 광고 사업이 영업이익에 기여하는 바가 높은 다른 회사의 주가 하락까지 야기했다. 그날 나스닥 지수는 장중 −5%까지 급락하면서 공포심을 조장했다.

하지만 다음 날 나스닥 지수는 힘차게 반등했다. 마치 테라 루나 사태와 비슷한 흐름을 보여줬던 것이다. 물론 비트코인 급락과 증시 하락이 완전히 끝났다고 단언하기는 힘들다. Fed가 시장의 예상보다 강력하게 금리를 인상할 수도 있고, 러시아 및 중국의 오미크론 여파로 언제든 공급망 문제가 다시 야기될 수도 있기 때문이다. 그러나 증시 주변에서 일어나고 있는 이런 상황을 감안하면 증시는 하반기부터 점차 안정

비트코인과 스냅의 주가 추이.

을 찾아갈 가능성이 높다.

이처럼 시장은 시가총액 비중이 낮은 기업이 시장 전체를 흔들어 공포심이 확산되고, 이것이 투매를 유발할 때 바닥일 가능성이 높다. 반대로 시가총액 비중이 높은 기업이 급락하면서 시장 전체를 하락으로 유도할 때는 본격적인 하락 국면에 접어들었다고 해석할 수 있다.

그런 면에서 지난 1월 21일 미국 빅테크 기업 넷플릭스가 −21.79%, 2월 3일 페이스북(현 메타)이 −26.39%까지 급락하면서 지수를 흔들 때 그 중요성을 간과했던 점이 너무나 아쉽다. 두 회사는 나스닥 상장기업 중 시가총액 10위 안에 드는 거대 기업이다. 이들 기업이 실적 경고를 보내면서 지수 전체를 하락으로 끌고 갈 때는 진짜 하락이 시작된다는 것을 알면서도 무시했던 것이다.

반대로 상승의 신호도 빅테크 기업의 반등에서 찾을 수 있다. 특히

페이스북(현 메타)의 주가 추이.

출처: stockcharts.com

2021년 12월 고점 대비 −31% 하락하면서 지수 전체를 끌어내렸던 나스닥 지수가 반등의 실마리를 가져올 가능성이 높다. 나스닥 지수를 이끌고 있던 대형주(NDX 지수)와 빅테크 기업들이 하락 추세에서 벗어나는 반전을 도모한다면, 상반기와는 반대로 증시가 상승 추세로 전환할 수도 있다. 투자자라면 이런 점을 고려하여 빅테크 및 나스닥 대형주 100종목을 모아둔 NDX 지수를 관심 있게 지켜봐야 할 것이다.

투자자들은 자신의 투자 포지션에 따라 시장을 다르게 해석한다. 아니 그렇게 해석하고 싶어한다. 필자도 이번에는 다를 것이라고 기대하면서 뻔히 보이는 것을 애써 무시하려고 했다. 숱한 시행착오를 통해 스스로 깨우치며 얻었던 노하우와 원칙을 무용지물로 만든 것이다. 자신의 투자 포지션과는 무관하게 시장의 변화에 따라 의견을 과감히 바꿀 수 있는 용기가 없다면 이렇게 실수를 할 수밖에 없다.

제3장

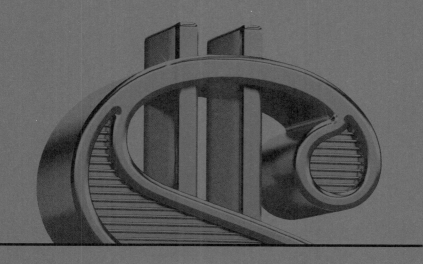

종목을 찾아내는
상상력을 키워라

_종목 선정의 기술

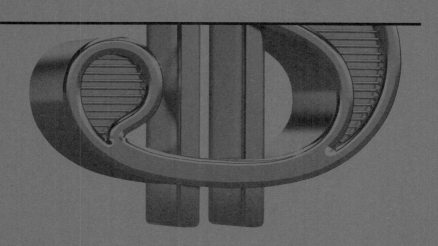

돈은 준비되었다.

1년 동안 부었던 적금이 만기되었고,

집을 판 수익금도 생겼다.

이제는 어떤 식의 투자를 할 것이며

어떤 종목을 매수할 것인지를 결정해야 한다.

ETF로 포괄적인 매매를 하자니

종목 투자의 성과와 비교하면 영 성에 차지 않을 것 같다.

그렇다면 도대체 어떤 종목을 사야 한단 말인가.

시세가
뉴스를
만든다

"뉴스를 보고 투자하면 시작부터 마이너스다."

투자를 하면서 자주 듣는 말 중 하나다. 기자들이 거짓말을 한다는 것인가? 신문을 읽지 말라는 뜻인가? 그렇다면 정보를 어디서 얻어야 한다는 말인가? 난감하기 그지없다.

뉴스가 거짓일 리는 없다. 중요한 것은 뉴스의 속성을 먼저 이해해야 한다는 점이다. 왜 뉴스를 본 후 투자를 하면 손실이 발생할 확률이 높은지 알고 있어야 뉴스를 제대로 활용할 수 있다.

언론도 비즈니스다. 요즘 신문사는 인터넷에 기사를 올리면서 조회수에 비례해 포털로부터 사용료를 받는다. 종이 신문을 보는 사람이 현저히 감소했기 때문에 과거처럼 광고에만 의존할 수도 없다. 스마트폰으로 포털 메인에 올라오는 기사 제목을 보고 클릭하는 식으로 기사를 소비하는 시대에 언론사 편집자는 어떤 기사를 올려야 할지 고민할 수밖에 없다.

뉴스를 보고 투자를 결정하면 안 되는 이유

2020년 8월 금의 가격이 사상 처음으로 2,000달러를 넘어섰다. 팬데믹 선언 이후에 각국 중앙은행은 경제회복을 위해 금리 인하와 양적완화를 비롯해 유동성 확충정책을 펼치고 있었다. 금은 수천 년 동안 화폐로서의 역할을 해왔으니 중앙은행의 유동성정책으로 인한 화폐가치 훼손을 걱정하는 투자자들이 반대급부로 금에 투자를 감행하기 시작한 것이다. 조금씩 상승하던 금 가격은 마지노선이던 2,000달러를 넘어서면서 주요 언론사의 주목을 받았다. 많은 언론이 이를 기사화하면서 3,000달러 돌파 가능성을 언급하기 시작했다.

매일경제
사상 처음으로 2000달러 돌파한 금."3000달러도 간다"
이상규 입력 2020. 08. 05. 08:54   수정 2020. 08. 12. 09:09   댓글 0개

'뉴스가 시세를 만드는 것이 아니라 시세가 뉴스를 만든다'는 투자의

2020년부터 2022년까지의 금 가격 추이.

속성을 이해하지 못한 채 무작정 뉴스에 의존해 투자한 사람들은 그날부터 속상한 날들을 보낼 수밖에 없었다. 왜냐하면 당시 금의 가격은 정확하게 기사가 나온 지 며칠 지나지 않은 8월 초에 고점을 찍고, 2021년 3월 1,700달러를 하회했기 때문이다.

2022년 최고의 수익률을 기록하고 있는 원자재 펀드에서도 이러한 패턴을 확인할 수 있다. 2021년 12월 국내 주요 신문사는 오미크론 공포로 인해 국제 원유가격을 비롯한 원자재 펀드의 수익률이 떨어지고 있다는 내용의 기사를 비중 있게 보도하기 시작했다. 다음 페이지에 나오는 기사를 살펴보자.

(기사 중략) 증권가에선 당분간 국제유가의 반등을 기대하긴 어렵다고 보고 있다. 이○○ ○○증권 연구원은 "오미크론 공포가 국제유가를 끌어내리는 데 주효했다. 추가 하락을 예단하긴 힘들지만, 바이러스 확산세가 수그러들지 않는다면 앞으로 각 산유국들이 공급을 늘릴 계획이라 2·4분기부터 국제유가가 재차 빠질 것"이라며 "OPEC+ 회의 결과에 주목해야 한다"고 말했다.

위의 기사를 읽은 독자 중에 원자재 펀드에 투자한 사람이라면 불안한 마음에 고민이 많았을 것이다. 증권사 직원들도 추가 하락을 예상한데다 언론사가 이를 보도했기 때문이다.

다시 한번 강조하지만 이러한 가격 기사는 전망이 아니다. 하락했기 때문에 시세가 뉴스를 만들어서 기사화되었을 뿐이다. 그렇다면 그 이후를 살펴볼 필요가 있다. 다음 페이지의 그림은 국제 원자재지수의 일간 차트다. 신문 기사가 나온 12월 1일 근처에서 원자재지수는 정확하게 저점을 찍고 2022년 5월 말인 현재까지 상승 중이다.

2021년 이후 원자재지수의 변화 추이.

출처: stockcharts.com

주식투자는 미래의 일을 추정하는 것

도대체 왜 이런 일이 계속 반복되는지 아는 것이 중요하다. 언론이 독자들을 골탕 먹이기 위해 일부러 이런 기사를 쓰는 것은 아니다. 이는 인간의 본성 때문이다. 인간은 긍정적인 이야기보다 부정적인 이야기에 먼저 반응하도록 진화되어왔다. 생명체의 첫 번째 속성은 '생존'이다. 위험을 무시했다가 목숨을 잃을 수도 있기 때문에 인간은 긍정적인 소식보다는 부정적이고 공포스러운 소식에 본능적으로 먼저 반응한다.

뉴스 제목에 대한 반응도 마찬가지다. 주가가 약간 하락했다는 제목보다는 '위험하다, 폭락하다, 공포, 급등, 급락, 폭등'과 같은 위기감을 조장하는 제목에 사람들은 더 민감해진다. 언론사가 그런 인간의 심리를 모를 리 없고, 그들도 비즈니스를 해야 하므로 자극적인 기사를 쓸 수밖에 없다. 기사에도 수요와 공급의 법칙이 존재한다. 그러니 사소한 우려보다는 거대한 공포심을 느끼게 할 헤드라인 카피를 만들어 유혹하는 것이다. 그래서 신문 기사의 제목은 긍정적인 것보다 부정적인 것이 월등히 많은 비중을 차지한다. 이런 기사로 불안해질 때는 일단 언론의 속성을 감안해 하루 이틀 시간을 두고 검토해야 한다.

그렇다고 뉴스에 긍정적인 소식이 없는 것은 아니다. 문제는 뉴스가 긍정을 추측하거나 예상하지 않는다는 점이다. 이런 속성을 알기에 '시세가 뉴스를 만든다'라고 강조하는 것이다. 언론의 뉴스로 인해 주식 가격이 올라가는 것이 아니라, 언론은 이미 주가가 올라서 화제가 된 내용을 기사화한다는 뜻이다.

우리가 알고 있는 모든 것은 이미 가격에 반영되어 있다. 충분히 반영해서 가격이 상승하면 그때서야 언론은 여러 가지 이유를 들어 기사를 내보낸다. 그래서 뉴스를 보고 종목을 선정하면 매번 뒷북 투자가 되고 만다. 물론 뉴스가 나온 후에도 수익이 발생할 수 있다. 하지만 대부분은 끝물일 가능성이 높다. 수익을 내기 위해서는 오르기 전에 미리 사둬야 하는데 그런 종목의 정보는 뉴스에서는 찾아내기 어렵다.

주식투자는 미래의 일을 추정하는 것이다. 그런데 추정은 확실한 것이 아니다. 확실하지 않으니 실패할 수 있다. 뉴스는 이미 벌어진 일에 대한 해석으로 추정의 위험을 피하려 한다. 그래서 기사를 종목 선정의 판단 근거로 삼으면 시작부터 마이너스일 가능성이 크다.

빅 쇼티지,
공급 부족을
검색하라

주식투자자들이 소위 전문가들에게 가장 궁금해하는 것은 '종목'이다. '요즘은 어떤 종목에 관심이 많으세요? 종목이 아니면 섹터라도 좀 알려주세요~' 어느 유튜브 채널이건 댓글창을 보면 빠지지 않는 질문이다. 이런 식의 질문으로 얻은 종목에 투자하는 것은 뉴스 기사를 보고 뒤늦게 뛰어드는 것과 별반 다를 게 없다.

그렇다면 도대체 무엇을 근거로 종목을 선정해야 할까? 우선 뉴스 기사에서 '흐름'을 찾아내야 한다. 어떤 사실에 기반해서 종목을 찾아내는 것이 아니라, 어떤 종목이 속한 분야의 트렌드에 관련한 뉴스를 통해 종목을 추정할 수 있어야 한다.

왜 삼성전자가 아닌 DB하이텍인가

필자는 매주 일요일 저녁과 월요일 아침 포털사이트에서 '쇼티지'Shortage와 '공급 부족'이라는 키워드로 뉴스를 검색한다. 특정 제품이나 품목의 공급이 부족하다는 것은 수요가 공급을 초과한다는 의미다. 이런 재화를 생산하는 기업의 매출은 올라가게 마련이다. 기업이 가장 좋아하는 것은 '독점'이다. 기업은 공급이 부족하면 해당 제품에 독점적인 지위를 행사한다. 당연히 해당 업종에 있는 기업의 주가는 상승할 가능성이 높다.

이렇게 공급 부족을 검색할 때도 중요한 포인트가 있다. 가령 2020년 가을부터 IT 뉴스에서 가장 많이 언급된 것이 '반도체 공급 부족'이었다. 반도체의 공급이 부족하다면 대부분의 사람들은 '삼성전자'나 '하이닉스' 또는 반도체 부품회사를 생각한다. 그런데 반도체 공급 부족 상황에서 정작 수혜를 입으면서 가장 많이 주가가 상승한 종목은 'DB하이텍'이었다.

반도체 공급 부족의 의미를 정확하게 해석할 수 있어야 DB하이텍을 매수할 수 있었을 것이다. 팬데믹 이후 반도체 공급이 부족했던 이유는 8인치 웨이퍼를 기반으로 만들어진 IC칩의 생산이 줄었기 때문이다. 8인치 웨이퍼 시장이 12인치 웨이퍼로 옮겨가는 과정에 있던 중, 팬데믹 이후 갑자기 늘어난 수요를 감당하지 못해서 나온 이슈였다.

그러니 반도체 부족이라는 기사를 읽고 단순히 메모리 반도체를 생각해서 투자했다면 8인치 웨이퍼를 전문으로 하는 DB하이텍이 떠오를 수가 없는 것이다. 이렇듯 매주 쇼티지와 공급 부족에 관한 뉴스를 검색해서 특정 아이템, 제품, 부품을 찾았다면 그때부터는 구체적인 팩트를 파악해야 한다. 정확하게 어떤 물질과 제품이 '왜 부족하게 되었는지' 알아내서 어떤 업종과 업체가 이익을 보게 될지 추정할 수 있어야 한다.

아세아제지와 심텍, 빅 쇼티지 이슈의 수혜주

골판지포장조합 "골판지원지 공급부족..가격인상·사재기 다 자제하자"

기사입력 : 2020년10월14일 14:30 | 최종수정 : 2020년10월14일 14:30

f **y** 🔗 **B**   가 + | 가 - | 프린트

2020년 10월 14일자 〈뉴스핌〉 기사다. 팬데믹 이후 택배 물량이 급증하면서 골판지 부족 사태가 예상되니 골판지 협동조합이 사재기를 자제하자고 당부했다는 내용이다. 필자가 정기적으로 검색하는 '공급 부족' 키워드의 결과 중 한 가지 뉴스였다. 그런데 여기서 한 발만 더 나가면 중요한 예상을 할 수 있다. 11월 중순이면 한국은 김장철이다. 김장철에 배추가 많이 필요하고, 당시 배추도 골판지에 담아서 판매하는 것이 자주 목격되곤 했었다. 그 이후 골판지 원지를 생산하는 회사들의 주가는 고공행진을 시작했다.

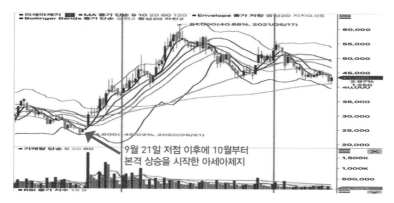

아세아제지의 주가 차트.

위 그래프는 골판지 원지를 생산하는 '아세아제지'의 주간 차트다. 아세아제지 주가는 2020년 9월 21일 23,800원 저점을 기록한 이후 본격적인 상승을 시작해서 2021년 5월에는 고점인 61,000원을 기록했다. 골판지 공급 부족 기사가 보도된 때가 2020년 10월 14일이었으니, 그때 당시 앞으로의 상황을 예상해서 투자를 했다면 상당한 수익을 올릴 수 있었을 것이다.

최근 가장 핫한 섹터인 PCB업체도 공급 부족 레이더에 걸렸었다. 그런데 당시 필자는 이 검색 결과에 관심을 갖지 않았다. 왜냐하면 2020년 초 PCB업체인 '심텍'에 이미 투자해서 100% 이상의 수익을 내고 2021년에 매도했기 때문이다. 그때의 판단 실수는 지금까지도 후회하는 일 중 하나다.

그 당시 포털 사이트 다음에서 검색 기간을 2021년 5월부터 8월까지 3개월간으로 정해 공급 부족 키워드를 검색해보았다. 그랬더니 다음 기사가 나왔었다. '반도체를 심는 FC-BGA 회로 기판이 수요 폭증으로 공급부족'이라는 내용이었다. FC-BGA는 쉽게 이야기하면 우리가 알고 있는 PCB 기판의 한 종류다. PCB를 주업으로 하는 업체를 찾아보면 심텍, 대덕전자, 해성디에스 등이 나온다.

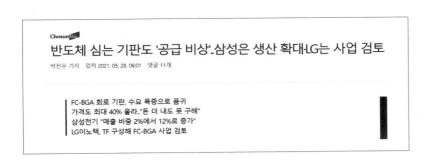

이들 업체 중 대덕전자와 해성디에스의 주가 차트를 한번 살펴보자.

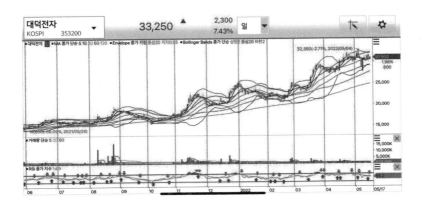

대덕전자의 주가 차트.

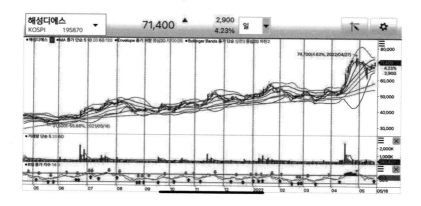

해성디에스의 주가 차트.

　당시에 대덕전자와 해성디에스의 주가는 각각 15,000원대와 31,000원대를 기록하고 있었다. 그 이후 1년간 코스피 지수는 급락했지만 이들 두 업체의 주가는 지수와 상관없이 고공행진 중이다. 2022년 5월 18일 기준으로 각각의 주가가 33,250원과 71,400원이니 100% 이상 상승한 것이다. 평소의 원칙대로 공급 부족 이슈와 관련된 종목에 확신을 갖고 투자했다면 놓치지 않았을 텐데, 그 원칙을 지키지 않았으니 아쉽지만 어쩔 수 없는 일이다.

주식시장에서도
왕따가 되어서는
안 된다

인간이 짐승과 구별되는 가장 큰 특징은 무엇일까? 바로 '공감력'이다. 인간은 다른 동물과 달리 타인의 행동을 거울처럼 반영하는 신경 네트워크인 '거울 뉴런'Mirror Neuron을 갖고 있어서 타인의 감정을 느끼고 그에 반응한다. 영화를 보다가 주인공이 칼에 찔리는 장면을 보면 통증이 느껴지는 것 같고, 연인과 헤어지는 주인공을 보면서 가슴 아픈 것도 공감력 때문이다.

공감력을 다르게 표현하면 '스마트'Smart, 또는 '눈치가 있다'는 말로 바꿀 수 있다. 주식투자도 눈치가 있어야 잘한다. 내가 아무리 좋다고 우겨도 대중이 그것을 좋아하지 않는다면 결국 나의 의견을 접어야 사람들과 어울려 살아갈 수 있듯이 주식투자도 마찬가지다. 내가 좋아하는 주식 종목을 고르기보다는 수많은 사람이 좋아할 만한 종목을 가지고 있어야 수익을 얻을 수 있다. 그래서 눈치가 없거나 부족한 사람은 주식투자에서 매번 뒤처지게 된다.

대중이 좋아할 주식을 찾아라

우리가 살아가는 세상에는 유행이 있다. 해외여행이 붐이면 너도 나도 해외로 여행을 가려 하고, 캠핑 가는 사람이 많아지면 관련 산업이 뜬다. 패션, 영화, 드라마, 운동에서 여가생활까지 인간을 둘러싼 거의 대부분의 영역이 유행에 민감하다. 때론 들불처럼 번졌다가 사라지곤 한다. 인간이라는 존재는 혼자서만 살아갈 수 없기에 타인의 삶에 신경을 쓸 수밖에 없다. 이러한 인간의 본성 때문에 우리는 늘 유행에 민감하게 반응한다. 유행에 뒤처지면 사람들 무리에 끼기 어렵고 때로는 왕따를 당할 수도 있다.

만물의 영장인 인간도 동물이니 첫 번째 삶의 목적은 단연코 '생존'이다. 그런데 생존을 위해서는 타인에게 호감을 줄 수 있어야 한다. 그래야 함께 생활하면서 생존 가능성을 높여갈 수 있다. 주식시장도 인간 사회의 이런 특성을 그대로 반영을 하고 있다. 우리는 그것을 '테마'라고 부른다.

최근에는 윤석열 대통령 테마, 러시아-우크라이나 전쟁으로 인해 에너지 가격이 급등하면서 생겨난 에너지 테마, 방산 테마, 원자재 테마 등이 투자자들에게 큰 주목을 받았다. 주식시장의 테마는 짧게는 단 며칠간 관심을 받았다가 순식간에 사라질 수도 있고, 길게는 1주일에서 한 달 이상 상당한 기간 동안 열기를 이어갈 수도 있다.

팬데믹 이후에는 집콕 테마, 바이든 대통령이 당선된 이후에는 전기차 테마, 2차전지 테마 등이 비교적 긴 시간 동안 유행했었다. 2022년 상반기에는 사회적 거리두기 해제 가능성이 높아지고 경제재개에 대한 기대감으로 '리오프닝Reopening 테마'가 다른 종목이나 업종에 비해 상승률이 높았다.

이렇게 테마가 형성되어 시장 전체를 선도할 때는 내가 가지고 있는 종목이 아무리 우량주여도 그 테마와 관련이 없으면 소외당하곤 한다. 동네방네 내가 가진 종목이 최고라고 외쳐도 소용없다. 빨간 넥타이가 유행하는데 파란색이 최고라고 우겨봐야 돌아오는 것은 대답 없는 메아리일 뿐이다.

그런데 테마투자에 있어 주의해야 할 점은 뒤늦게 뛰어드는 것이다. 반면 제대로 대응하면 오히려 더 좋은 기회가 될 수도 있다. 증시에 어떤 테마가 형성되었다면 그 테마가 흘러가는 방향을 예상해서 또 다른 점들을 연결해볼 수 있다. 테마는 전혀 연관이 없는 업종이나 종목끼리 장님 문고리 잡듯이 생기는 것이 아니라, 흩어진 점들이 하나의 선으로 연결되는 과정을 거치면서 형성되기 때문이다.

테마주 투자에서 가장 확실한 승자가 되는 법

2021년이 시작되면서 연초 한국 주식시장에서는 '전기차 테마'가 형성되기 시작했다. 바이든 미국 대통령이 탄소배출에 적극적으로 대응하면서 미국 내 전기차 생산 및 판매를 늘리기 위해 정책적으로 지원을 했기 때문이다. 당연히 현대자동차, 기아 등 전기차를 생산하는 완성차업체부터 주가가 오르기 시작했고 시간이 지나면서 '2차전지 테마'가 이어졌다.

2차전지 생산업체에서 시작해 해당 산업에 부품과 소재를 공급하는 '2차전지 소재 테마', 장비를 공급하는 '장비 테마' 등 관련 공급망에 있는 기업들이 시차를 두고 연이어 상승하는 큰 장이 들어선 것이다. 이는 반도체 가격이 상승할 때 나타나는 현상과 비슷하다. 먼저 반도체 제조업체가 주목을 받고, 뒤이어 반도체 장비업체와 부품 및 소재업체 등이 연이어 테마가 되는 것이다.

그렇다면 어디에서 더 큰 수익이 나올지 탐색할 수 있어야 한다. 주식시장에서 큰 장은 테마 자체보다 그 테마를 만들어내는 주변 업종에서 생기는 것이 일반적이다. 마치 서부 개척시대 골드러시에서 금광업자보다 청바지 판매상이 더 큰 돈을 벌었던 것과 같은 이치다.

금광업자는 한두 번 채굴에 성공해 큰돈을 벌 수 있었지만, 청바지 생산업체들은 금광의 발견 유무와 상관없이 제품을 팔 수 있었다. 그래서 관련 테마는 '청바지업자 – 금광업자 – 빨대업자'의 3단계 구조로 형성된다. 청바지 생산업체는 금광을 개발하기 위해 필요한 부품과 장비업체를 말하고, 빨대업체는 금광에서 금을 캐내기 위해 계속 사용하는 소재업체를 말한다. 당연히 큰 수익은 금광을 발견한 사람보다 청바지와 빨대를 꽂는 기업에서 나온다.

이 관점에서 2차전지 테마를 살펴보자. 먼저 금광개발자인 LG에너지솔루션, 삼성SDI 등이 주목을 받는다. 그리고 얼마 후에는 이들에게 부품과 장비를 공급하는 청바지 업종에 해당하는 종목들이 주목을 받고, 마지막으로는 지속적으로 소모품을 공급하는 소재업체들이 빨대업체가 되면서 마지막 테마를 형성해간다. 이처럼 2차전지 테마가 주식시장에서 버블을 만들어가는 상황에서 제아무리 반도체가 좋다고 우긴들 시장은 요즘 말로 '개무시'하면서 시선조차 주지 않는다.

이런 흐름을 이해하면 지금 테마에 탑승하지 못했다고 마음이 급해지거나 속상해할 필요가 없다. 그 대신에 해당 테마가 어떤 산업구조로 이어지는지 파악하고 분석해서 시간차를 두고 이어질 청바지나 빨대업체에 해당하는 업종을 고민하면 되기 때문이다. 그런 종목들을 필자는 '대중이 좋아할 주식'이라고 말한다.

현재 유행하고 있는, 혹은 그 유행을 확산시켜줄 새로운 트렌드를 찾아내는 눈치 빠른 투자자가 되어야 수익을 낼 수 있다. 이런 흐름을 이해하게 된 후에 필자는 김춘수의 '꽃'이라는 시가 주식투자자에게 꼭 필요한 작품이라는 생각을 했다. 투자자에게 수익을 주는 테마는 꽃이고, 아닌 업종이나 종목은 하나의 몸짓일 뿐이다.

꽃

김춘수

내가 그의 이름을 불러 주기 전에는
그는 다만
하나의 몸짓에 지나지 않았다.

내가 그의 이름을 불러 주었을 때
그는 내게로 와서
꽃이 되었다.

내가 그의 이름을 불러준 것처럼
나의 이 빛깔과 향기에 알맞은
누가 나의 이름을 불러다오.
그에게로 가서 나도
그의 꽃이 되고 싶다.

우리들은 모두
무엇이 되고 싶다.
너는 나에게 나는 너에게
잊혀지지 않는 하나의 의미이고 싶다.

돈이 되는 종목은
늘 우리
'가까이'에 있다

필자는 2021년 6월부터 목디스크 치료를 위해 고민하다가 아내의 추천으로 필라테스 수업을 받기 시작했다. 운동을 하기 전 복장부터 갖추기로 마음먹고 여기저기 수소문을 해보니 많은 사람이 '룰루레몬'을 추천해주었다. 내가 사는 강북에는 매장이 없어서 강남의 룰루레몬 매장까지 가서 조거팬츠 등을 구입했다. 실제로 입어보니 기능성에서 디자인까지 꽤 괜찮은 옷이라는 느낌이 들었다. 빨간 스포츠카를 사고 싶다는 목표를 정하면 빨간색 차만 보이듯, 룰루레몬 옷을 입고 나니 이 옷을 입은 사람들이 보였다. 그래서 룰루레몬이라는 회사에 대해 찾아봤더니 이미 나스닥에 상장되어 있는 회사가 아닌가. 아직까지는 다른 의류 브

랜드에 비해 해외 매장이 많지는 않지만 향후에 늘어날 계획이라는 뉴스도 있었다. 그때부터 필자는 돈이 생길 때마다 룰루레몬 주식을 매수했다. 연초에 하락하기는 했지만 현재까지 10%의 수익률을 기록하고 있으며, 앞으로도 계속 성장이 예상되기에 기대하고 있다.

내가 '먹고 입고 보는 것'에서 기회를 찾아라

넷플릭스가 미국증시에 등장했을 당시, 필자는 성장성을 인정하기 어려웠다. 케이블TV나 공중파 방송의 드라마도 많은데 월간 이용료까지 내면서 볼 필요가 있겠냐는 생각이었다. 저작권 인식이 확실한 미국이나 유럽 등지에서는 통할 수 있겠지만 한국은 아니라고 판단했다. 당연히 필자는 가입할 생각도 의지도 없었다. 그런데 2019년 초에 그 유명한 '킹덤'의 시즌 1이 나의 이런 생각을 바꾸어버렸다.

지인의 추천을 받고 살펴보니 가입 후 한 달 동안은 무료였다. 그것만 보고 해지하면 되겠다 싶어서 가입을 했다. 그 이후 지금까지 필자는 넷플릭스를 떠나지 못하고 있다. 아마 이 글을 읽고 있는 독자들도 나와 비슷한 시기에 그런 이유로 가입해서 지금까지 유지하고 있는 경우가 많을 것이다. 그렇다면 독자들도 나처럼 당시에 넷플릭스 주식을 매수했을지 궁금하다. 당시 필자는 드라마 강국인 한국에서 넷플릭스가 통한다면, 동남아는 무조건 된다는 생각을 하고서 100주 정도 매수했다. 앞서 말한 룰루레몬과 같은 경로로 투자 종목을 찾은 것이다.

주식투자도
뭉쳐야
이긴다

현재 필자의 스마트폰에 저장된 연락처는 약 3,000개가 넘는다. 이렇게 많은 사람들 중 1년에 한 번 정도 만나는 사람은 과연 몇이나 될까? 만나는 것이 아니라, 한 번이라도 내가 먼저 전화해서 통화하는 사람은 몇 명일까? '최소 1% 이상은 통화하지 않을까?'라고 예상하겠지만 단언컨대 틀렸다. 이는 비단 필자에게만 해당되는 이야기는 아닐 것이다.

독자 여러분의 스마트폰에 저장된 수많은 사람들 중에 1년에 단 한 번이라도 직접 연락해서 만나는 사람은 몇이나 되는가? 어느 심리학 책에 나온 통계자료를 보면, 모임이 아닌 개인적인 이유로 연락해서 1년에 한 번 이상 만나는 사람은 열 명 이내이고 직접 전화해서 통화하는 사람은 50명을 넘지 않는다고 한다. 통화 횟수로 판단한다면 정말 친한 친구라고 할 수 있는 사람은 다섯 명 이내다.

한계를 극복하면서 오랫동안 투자하려면

스마트폰에 그렇게 수많은 사람의 연락처가 저장되어 있는데도 사람들은 왜 소수의 사람들하고만 주기적으로 통화하고 극소수의 사람만 만나면서 관계를 유지하는 것일까? 그 이유는 인간의 뇌 용량에 있다. 인간은 뇌의 에너지를 적게 사용하는 쪽으로 진화되어왔다. 최대한 에너지를 아끼고 비축해야 적을 만났을 때 싸워서 이길 수 있기 때문이다. 그래서 뇌는 변화를 싫어한다. 웬만하면 현상을 유지하면서 뇌의 에너지를 적게 사용하려고 한다.

주식투자도 마찬가지다. 거래소와 코스닥시장에 수천 개의 종목이 있지만 내가 눈여겨보는 종목은 고작 손가락으로 꼽을 정도로 한정되어 있다. 단순히 관심종목에 수십 수백 개의 종목이 있는 것을 이야기하는 것이 아니다. 관심종목에 올려두는 것은 전화번호를 스마트폰에 저장하는 것과 같은 이치다.

관심종목 중에서 매수할 대상을 찾아내려면 뇌의 에너지를 사용해 연구하고 분석해야 한다. 당연히 대다수의 사람들은 이를 힘들어하고 누군가가 대신해줬으면 하고 바란다. 에너지를 아끼고 싶어하는 것이다. 그래서 주변 지인이나 인터넷 게시판 또는 유튜브에서 누군가가 종목을 추천해주면 따로 연구하거나 고민하지 않고 손쉽게 그들이 말한 종목을 매수한다. 그렇다고 많은 종목을 거래하는 것도 아니다. 결국 사람들 관계처럼 주식투자도 몇 개의 종목이나 몇 가지 업종 안에서 빙빙 돌고 돌 뿐이다. 그렇게 고른 종목으로 과연 얼마나 수익을 얻을 수 있을까?

이러한 문제점을 해결하는 방법은 '모이는 것'이다. 투자에 관심 있는 사람들끼리 스터디 그룹을 결성해보자. 각자 관심 분야를 연구하고 정보를 탐색하고, 이를 모아서 사람들과 함께 토론하며 한계를 넘어서야 한다. 오프라인 모임이어도 좋고 온라인 모임이어도 좋다. 다양한 사람들이 모여 서로의 의견을 나누다 보면 내가 몰랐던 종목, 외면했던 업종에 대해 눈을 뜨게 된다. 당연히 나의 에너지는 절약되면서 투자에 보다 더 집중할 수 있게 된다. 그것이 인간의 진화적인 한계를 넘어 투자 종목을 넓히면서 오랫동안 투자할 수 있는 유일한 방법이다.

이슈와 함께
돈 버는 법은
따로 있다

'어떤 종목에 투자해야 할까?'

이는 모든 투자자들의 최고 관심사다. 지수가 아무리 오른다 한들 내가 매수한 종목이 오르지 않으면 허사다. 그렇다고 장님 문고리 잡듯이 더듬어 찾아낼 수도 없다. 증권회사 사이트에 들어가면 너무나 많은 추천 종목이 올라온다. 어떻게 선택해야 할지 점점 막막해져만 간다. 그럴 때는 뉴스에서 실마리를 찾을 수 있다. 앞서 말했듯이 특정 기업에 대한 뉴스는 이미 가격에 다 반영되어 있으니 그런 정보를 찾으면 이미 늦었다고 보면 된다.

우리가 찾아야 하는 것은 뉴스 그 자체가 아니라 뉴스에 숨어 있는

'힌트'들이다. 그 힌트를 수집해서 한 방향으로 모아 하나의 선으로 이어가면 종목의 실체가 그려지기도 한다. 스티브 잡스가 스탠퍼드대학 연설에서 말한 "점들을 이어라."라는 말을 상기해보자. 이 말처럼 주식 투자에서도 곳곳에 숨은 힌트를 연결하면 남들은 눈치채지 못한 훌륭한 종목을 발견할 수 있다.

물론 단번에 이루어지는 것은 없다. 관심을 갖고 흐름을 파악한 뒤 선을 잇는 연습을 꾸준하게 해야 가능한 방법이다. 어렵지만 한 번만 성공하게 되면 그다음은 점점 쉬워지는 것이 세상의 흐름에서 종목을 발견하는 방법이다.

세상의 흐름에서 남들이 보지 못하는 힌트를 찾아내다

2021년 4월, 세상은 온통 코로나19로 멈춰 있었다. 국가 간 교류가 중단되면서 여행도 갈 수 없는 상황이 되었고, 무역도 정체된 채 과거와는 다른 상황이 벌어지고 있었다. 민간 차원의 교류뿐 아니라, 국가별 글로벌 외교도 온라인으로 이루어지는 등 실제적인 왕래가 거의 없었다. 그런 상황에서 당시 청와대는 문재인 대통령의 미국 방문 계획을 발표했다. 세상이 온통 팬데믹으로 난리인 상황에서 갑자기 발표된 대통령의 미국 방문 소식. 주요 언론들은 이를 두고 새로 취임한 바이든 미국 대통령과 '한반도 비핵화 공감대'를 형성하려는 목적이라고 추정하고 있었다.

그러나 필자는 당시 문 대통령의 미국 방문 소식이 나오기 전, 그해 3월 일본 수상의 미국 방문 뉴스에서 진짜 목적을 찾을 수 있을 거라는 생각이 들었다. 해서 관련 뉴스를 살펴보았다. 당시 일본은 동경올림픽 개최가 예정되어 있었으나 코로나 백신 확보에 실패하면서 일본 총리가 직접 미국을 방문해 백신 확보에 나선 상황이었다.

그 무렵 한국의 백신 수급 상황은 일본보다 앞서 있었지만 대부분 아스트라제네카 백신이어서 추가 확보가 시급한 상황이었다. 이를 감안하면 문재인 대통령의 미국 방문의 목적은 북한 문제라기보다는 코로나 백신 확보를 위한 협조 요청일 가능성이 높았다. 당시 한국의 주요 기업들은 미국의 화이자, 모더나, 노바백스 및 아스트라제네카 등과 백신 위탁생산을 추진했거나 추진 중이었다. 내 상상은, 만약 문 대통령이 바이든 대통령의 도움을 얻어 협조를 요청한다면 충분히 현실 가능성이 있는 것이었다. 당연히 백신 관련 업체의 후보로 대기업인 '삼성바이오로

직스'와 'SK바이오사이언스'를 골랐고 결과는 수익으로 돌아왔다.

보이지 않는 것이 미래의 가격을 결정한다

작년 연말부터 국내 게임업체를 비롯한 주요 IT기업들의 연봉 인상이 화제였다. 네이버와 카카오 그리고 국내 게임업체들의 임금 상승에서 시작된 흐름은 삼성전자의 연봉 협상에도 영향을 주었다. 이미 하이닉스를 비롯한 주요 기업들도 연봉을 대폭 인상했다는 뉴스까지 나왔으니 기업들의 고심은 더욱 깊어졌으리라. 미국에서는 대규모 퇴직The Great Resignation 열풍이 있었다면, 한국에서는 소프트웨어 분야를 비롯한 주요 IT 인력에 대한 수요가 늘어나면서 인력 이탈을 막기 위한 연봉 인상 러시가 일어났다.

NEWSIS
네·카가 불 지핀 연봉인상 경쟁, IT서비스 업계로 옮겨붙나
송종호 입력 2022. 04. 16. 06:30 댓글 2개

과거에는 인력 확충이 주로 공채를 통해서 이루어졌다. 하지만 최근에는 상시채용과 경력직 모집이 늘어나면서 헤드헌터를 이용하는 사례가 늘고 있다. 그렇다면 최근 기업의 연봉 인상 경쟁에서 수익이 늘어날 업종은 무엇일까? 다름 아닌 헤드헌터업체들이다. 헤드헌터업체의 수

수료는 채용 시 연봉 금액에서 일정 비율대로 받는다. 그러니 헤드헌터 업계의 영업이익은 늘어날 수밖에 없다.

국내증시에 상장되어 있는 헤드헌터업체로는 '원티드랩'과 '사람인 에이치알'이 있다. 뉴스에 연봉 인상 소식이 계속 나온다는 것은 경력직의 이직이 늘어나고 있음을 의미한다. 그렇다면 헤드헌터업체의 주가흐름에도 영향을 줄 것이다. 이제부터는 어느 업체를 주목할지 고민해야 한다. 선뜻 판단하기 어려울 때는 무조건 관련 업계 1등 업체를 고르면 된다. 규모가 큰 기업 또는 과거 실적이 좋은 기업을 선택하면 실패할 확률이 적다.

또 다른 사례를 살펴보자. 글로벌 주요 국가에서 인플레이션을 잡기 위해 지속적으로 금리를 인상하고 있는 상황에서 한국도 예외가 아니다. 현재 한국의 기준금리는 6월 미국에서 자이언트 스텝을 단행하면서 미국과 같은 1.75%가 되었다.

6월 FOMC 후 파월 의장은 7월에도 0.75%p 인상 가능성을 예고했으니 이제는 한국과 미국의 기준금리가 역전될 처지에 놓였다. 이미 한국의 언론들은 한국은행 금융통화 위원회가 이를 감안해 7월에 금리를 0.5%p 인상할 것이라는 기사를 내보냈다.

기준금리가 높아지면 당연히 은행의 대출금리도 따라 올라가게 되어 있다. 이에 2021년 급등하는 아파트 가격을 따라잡기 위해 과도하게 대출을 일으켜서 부동산에 투자한 영끌족들의 신용 위험이 높아질 가능성이 대두되고 있다. 주택담보 대출금리가 연 7%에 육박한다고 하니 빚을 내서 매수했던 사람들의 걱정은 이만저만이 아닐 것이다. 안타깝지만 이러한 상황이 실제 벌어진다면 부실채권 추심 문제가 경제 전면에 등장할 수 있다. 그렇다면 이를 주 영업수익으로 하고 있는 신용정보회사들의 실적이 좋아질 가능성에 주목해야 한다. 신용정보 및 채권추심 전문업체로는 코스닥에 상장된 '고려신용정보'를 주목할 만하다.

디지털타임스

주담대 금리 연 7% 눈앞.. 잠 못자는 영끌족

문혜현 입력 2022. 06. 14. 18:25   수정 2022. 06. 14. 19:56   댓글 0개

> 고정금리 상단 6.88%까지 뛰어
> 코픽스 상승세에 변동금리도 ↑

이 책의 출간 시점을 고려한다면 위의 종목은 최적의 투자 타이밍이 이미 지났을 수도 있다. 그럼에도 불구하고 책에 소개하는 이유는 남들보다 먼저 세상의 흐름을 읽고 이슈를 활용해 종목을 선정하는 안목을 기르는 법을 알려주고 싶어서다.

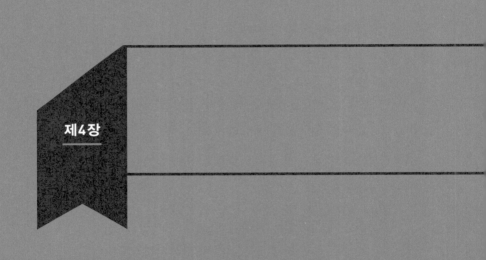

제4장

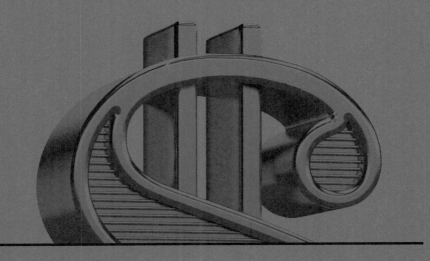

전문가가 아닌
나의 판단력을 믿어라

_시간과 시장이 검증한 투자 원칙

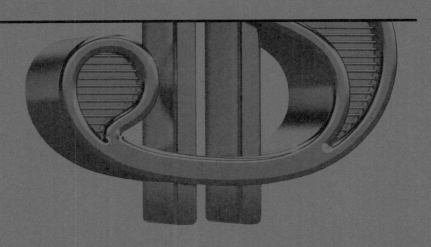

이제 알았다.

거시경제를 읽는 방법도 종목을 고르는 기준도.

그렇다면 미래가치만 알면 나도 부자가 될 수 있을까?

하지만 원효대사가 인도로 떠나는 과정에서 경험했던

해골바가지 우화처럼 하루아침에 깨우치는

법칙이나 논리를 기대한다면 여기서 또 좌절하게 된다.

안타깝지만 그런 공식이나 방법은 존재하지 않는다.

그렇다면 어떻게 미래를 추정할 수 있다는 말인가.

전문가는
점쟁이가
아니다

"상승미소님, 저희 방송에 주 1회 출연하셔서 개인투자자들의 종목 상담을 해주셨으면 합니다."

"상담할 종목은 미리 알려주시나요? 아니면 생방송으로 전화 연결해서 하나요? 상담하는 내용은 매매에 관한 것인가요?"

"생방송이니 전화로 하는 즉석 상담입니다. 그리고 상담 내용은 대부분 매매에 관한 것입니다."

"그렇다면 제가 할 수 없는 영역입니다. 제가 상담할 수 있는 종목은 제가 포지션을 갖고 있거나, 평소에 관심을 갖고 공부하고 있는 종목뿐입니다. 그 상담조차도 매매에 관한 것이라면 아예 제 능력 밖의 일입니다."

주식 전문가가 아닌 '돈문가'들의 세상

2021년 가을 무렵, 모 증권방송사에서 연락해와 주고받은 전화 통화 내용의 일부다. 종목 상담은 필자의 유튜브 채널에서도 가장 많이 받는 요청사항이다. 평소 유튜브 구독자들이 필자에게 가장 많이 질문하는 내용을 꼽으라면 크게 세 가지로 요약할 수 있다.

첫째, 어떤 종목을 사야 하나요?
둘째, ○○ 종목을 지금 사도 될까요? 언제 팔아야 하나요?
셋째, ○○ 종목이 괜찮은 주식인가요?

이런 질문에 대한 필자의 대답은 항상 똑같다.

"제가 주식투자 관련 방송을 하고 글을 쓴다고 해도 이런 질문에 모두 답할 수는 없습니다. 제가 지금 보유 중이거나 공부하고 있는 종목에 대해서만 제 의견을 말할 수 있습니다. 그 또한 매매에 관한 것이 아니라 회사의 방향성에 대한 코멘트일 뿐입니다."

그러면 대뜸 이렇게 반문한다.

"아니, 전문가라고 하셨잖아요."

"네, 맞습니다. 하지만 전문가는 변수를 조금 더 고려하는 사람이지 점쟁이는 아닙니다."

그렇다면 증권방송이나 유튜브에 출연해서 상담자가 요청하는 종목마다 차트를 이용해 매수와 매도 시기를 점쟁이처럼 조언하는 사람들은 과연 전문가일까? 욕먹을 각오하고 감히 이렇게 말하고 싶다. "차라리 여러분 자신이 그들보다 훨씬 더 많이 알 것이라 생각합니다."

차트는 과거의 기록일 뿐이다. 차트로 미래가 예측된다면 대치동 학원가에는 입시학원이 아닌 주식 차트 학원이 더 많을 것이다. 재무제표도 마찬가지다. 이를 보고 주가의 미래를 예측할 수는 없다. 재무제표는 모두에게 공개되어 있기에 모든 사람이 같은 지표를 보게 된다. 과거처럼 자신만 아는 투자 정보가 아니고 이미 주식 가격에 다 반영되어 있는 정보다.

주가는 과거의 데이터로 추정할 뿐 정답을 맞힐 수 있는 영역이 아니다. 이런 생각을 버려야 주식시장에서 살아남을 수 있다. 주식투자 인구가 많아질수록 진정한 주식 전문가는 없고, 전문가처럼 보여서 돈을 벌려고 하는 '돈문가'들이 늘어나고 있으니 경계해야 할 일이다.

주식투자는
상상력
싸움이다

상상력이라는 단어는 예술가들의 전유물과 같다. 하지만 이제는 주식투자자들도 반드시 갖추어야 할 능력이다. 주식투자에 있어서 상상력은 기존에 알려져 있는 '사실'을 기반으로 남들이 보지 못하는 것이나 앞으로 일어날 일을 추론하는 능력이다.

진화론 관점에서 보면, 새로운 종이나 개체는 하늘에서 뚝 떨어지는 것이 아니라 기존 생명체에서 나오는 돌연변이에 의한 것이듯 주식투자의 상상력도 이미 알려진 사실에 기반한다. 다시 말해 없는 것을 발견하는 능력이 아니라 남들과 다른 관점이나 그들이 보지 못하는 것을 보는 능력을 말한다. 이러한 상상력은 속세를 떠나 홀로 참선을 해서 얻어낼 수 있는 게 아니다. 충분히 쌓아온 지식과 경험을 바탕으로 스스로 사고하고 판단할 수 있을 때 시작되는 것이다.

주가를 상상하는 몇 가지 방법

현재의 주가는 우리가 알고 있는 모든 정보를 반영하고 있다. 여기서 '우리가 알고 있는 것'은 한 사람의 개인이 아닌 세상이 알고 있는 것을 말한다. 뉴스로 보도되었거나 사업보고서에 있는 모든 사실이 현재의 가격이다. 그렇다면 미래의 가격은 아래와 같이 표현할 수 있다.

미래의 주식 가격 = 현재 주가 + 미래가치

'미래가치'는 향후 회사의 상황이 현재보다 나아지느냐 혹은 나빠지느냐를 의미한다. 현재 하고 있는 사업이 잘되어 매출액과 이익이 늘어난다면 주가는 상승할 것이고, 그 반대라면 하락할 것이다. 다만 우리는 미래의 결과를 알 수 없으므로 이미 알려진 사실에 기반해 상상력을 발휘할 수밖에 없다. 이는 주식 매매에 있어 아주 중요한 지침이 된다. 오늘 이후로 주가가 상승하거나 하락하는 것도 내가 모르는 '미래의 사실' 때문이라는 점을 기억하고 있다면, 손실을 최소화하거나 수익을 극대화할 수 있게 된다.

예를 들어 어떤 종목의 주가가 아무런 이유 없이 갑자기 급락한다고 가정해보자. '이유 없이 급락한다'는 것은 대체 무슨 의미일까? 해당 회사의 내부 특정인을 중심으로 그들만 알고 있는 사실로 인해 매도세가 커지고 있다고 추정할 수 있다. 이런 주식은 일단 포지션을 줄이는 것이 좋다.

이와는 달리 코스피 지수와 동종 업종의 다른 업체들은 큰 변화가 없는데 내 종목만 계속해서 조금씩 하락할 때가 있다. 아무리 검색을 하고 왜 그런지 알아보려고 해도 이유를 알 수 없는 상황에서 어느 날 뉴스에 해당 기업의 악재가 발표되면 어떻게 해야 할까? 그때는 주가가 바닥을 형성할 가능성이 높으니 그런 날에는 매도하면 안 되고 오히려 추가로 매수해야 할 시점이 된다. 독자들의 이해를 돕기 위해 2020년 10월 현대자동차의 주가를 예로 들어 살펴보자.

2020년 추석 연휴가 끝나고 10월 5일 증시가 개장되었다. 10월의 첫날 거래일에서 현대자동차 주가는 187,000원을 기록한 이후에 아무

2020/10/23	167,000	▲	4,500	2.77	163,500	168,000	163,000	1,883,932
2020/10/22	162,500	▼	3,000	−1.81	163,000	163,500	161,000	1,700,524
2020/10/21	165,500	▼	2,000	−1.19	157,000	167,500	163,500	1,760,669
2020/10/20	167,500	▼	500	−0.30	157,000	168,500	156,500	5,697,398
2020/10/19	168,000	▼	4,000	−2.33	169,500	172,000	167,500	2,230,634
2020/10/16	172,000	▼	4,000	−2.27	176,500	177,500	169,000	3,197,258
2020/10/15	176,000	▼	2,000	−1.12	177,000	178,500	175,000	1,587,551
2020/10/14	178,000	▼	1,000	−0.56	181,000	183,500	177,000	1,930,046
2020/10/13	179,000	▼	1,000	−0.56	181,000	181,500	176,000	1,728,432
2020/10/12	180,000	▼	500	−0.28	178,000	181,500	176,000	1,655,359
2020/10/08	180,500	▼	2,500	−1.37	185,500	186,000	180,000	1,750,474
2020/10/07	183,000	▲	500	0.27	180,000	183,500	178,500	1,512,423
2020/10/06	182,500	▼	4,500	−2.41	188,000	188,500	181,500	2,143,171
2020/10/05	187,000	▲	8,500	4.76	183,000	187,500	181,500	2,732,820

2020년 10월 현대자동차의 주가 추이.

런 이유도 없이 계속 하락했다. 당시 지수를 보면 계속 상승흐름이었는데 현대자동차는 특별한 이유도 없이 내리 하락하면서 10월 19일을 맞았다. 도대체 무슨 이유로 이렇게 하락하는지 당시 필자는 여러 곳에 수소문했지만 뚜렷한 대답을 들을 수 없었다.

그런데 10월 19일 증시 마감 후에 현대자동차와 관련된 대형 악재 뉴스가 나왔다. 10월 8일부터 하루도 쉬지 않고 연속해서 주가가 하락한 이유를 그날 알게 되었다. 당시 '중앙일보' 기사 제목이다.

정의선의 '빅 배스'…현대차, 충당금 3조400 0억원 3분기 실적에 반영

중앙일보 | 입력 2020.10.19 18:29 업데이트 2020.10.19 19:29

현대자동차가 세타2 엔진 리콜 등과 관련해 3조 3,900억 원의 충당금을 3분기 실적에 반영하기로 했다는 뉴스였다. 한 분기에 3조 원이 넘는 충당금을 잡겠다는 것은 분기 실적이 시장의 예상과는 다르게 나빠질 수 있음을 의미한다. 10월 8일부터 19일까지 이유도 없이 10% 넘게 하락한 이유가 드러난 것이다. 그렇다면 10월 20일 현대자동차의 주가는 어떻게 되었을까? 결과는 다음 페이지의 차트에 나와 있다.

주가는 20일 아침 동시호가에서 157,000원으로 시작한 후 계속 상승해 2021년 1월 초 289,000원까지 상승을 이어나갔다. 악재가 나왔지만 주가에 미리 반영되어 있고, 해당 악재가 향후 실적에 계속 영향을 주지 않는다면 그때는 겁을 낼 필요가 없음을 보여주는 사례다.

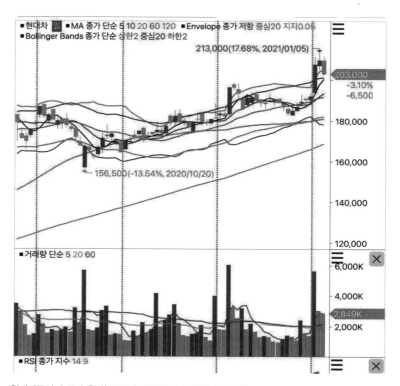

현대자동차의 주가 추이(2020년 10월에서 2021년 1월까지).

대형 호재가 나온 상황도 두 가지로 상상해보자

특별한 이유 없이 주가가 상승할 때도 마찬가지다. 이유를 모르는 상황에서 계속 주가가 상승하는 종목에 어느 날 대형 호재가 발생했다면 그때는 무조건 이익 실현이 답이다. 그러나 주가에 별다른 움직임이 없었는데 대형 호재가 발생하면 그때는 주식을 파는 대신 보유해야 한다.

해당 뉴스로 향후 기업의 성장이 가시화될 것이라면 이후에도 주가가 오를 가능성이 높기 때문이다. 그러므로 악재든 호재든 현재 주가에 미리 반영이 되었는지 여부를 판단하고 나서 매도 또는 매수, 아니면 홀딩을 결정해야 한다.

이쯤 되면 "정보를 미리 알고 있는 내부자들의 거래가 있지 않나요?"라고 묻고 싶을 것이다. 당연히 있다. 그래서 증권당국은 대주주, 경영진, 직원들의 내부정보를 통한 매매 여부에 민감하게 반응한다. 이미 알고 있는 정보를 토대로 그들만의 게임을 한다면 시장이 원활하게 돌아가지 못한다. 공정한 룰이 사라진 주식시장은 더 이상 자본주의 성장 동력으로 인정받을 수 없다. 그냥 깜깜이 시장이 되면서 참여자도 줄어들기 때문이다.

자본주의 경제는 신뢰를 잃으면 그것으로 끝이다. 그래서 현대 경제 성장에서 가장 중요한 것은 토지, 자본, 노동을 넘어 '민주주의'인 것이다. 정보를 투명하게 공유하고, 공정하게 게임할 수 있는 민주주의 국가일수록 주식시장과 그것을 기반으로 하는 경제가 더 크게 성장한다. 미국을 비롯한 유럽 주식시장이 중국이나 러시아 등 독재국가보다 더 활성화되는 것도 이 때문이다.

만일 해외 주식투자를 고려하고 있다면 해당 국가의 정치 민주화 정도를 확인하는 것도 미래 수익에 중요한 변수가 된다. 미얀마보다는 싱가포르, 중국보다는 미국, 아프리카보다는 유럽국가 등 민주주의에 기반한 나라, 투명한 정보 흐름이 확보되는 나라가 투자수익을 달성하는 데에 더 유리하다.

무수히 많은
점들을 연결해
선을 그려라

우리는 누구나 미래를 예측해서 알려주는 사람들의 이야기에 주목한다. 주식투자자라면 특정 종목의 주가흐름이나 미래 방향성에 대한 설명에 촉각을 곤두세울 것이다. 하지만 귀동냥만으로는 결코 지속적인 수익을 얻기 어렵다. 해당 산업의 미래를 전망하고 관련 종목을 찾아내 현재의 가치와 향후 성장 가능성을 예측하는 나만의 방식을 만들어내야 한다.

  필자는 특정 산업과 종목의 미래가치를 추정할 때 '팩트'라는 점들을 하나하나 연결하는 상상력을 발휘하곤 한다. 그렇다면 어떻게 해야 그 점들을 발견할 수 있으며, 하나의 선으로 이을 수 있는지 살펴보자.

어떻게 하면 '점'들을 발견해낼 수 있는가

첫 번째는 내가 투자하려는 회사가 정확하게 어떤 사업을 하고 있는지 알아야 한다. 앞서 필자는 상상력은 '지식이 충분히 쌓여 있을 때' 시작된다고 말했다. 회사의 미래는 현재를 기반으로 그려질 수 있기 때문에 현재의 상황이나 처지를 정확하게 알지 못하면 관련된 뉴스가 나와도 미래를 상상할 수 없다. 그래서 특정 종목을 보유 중이라면 귀찮고 힘들더라도 매 분기마다 공시되는 사업보고서 정도는 읽어둠으로써 그 회사의 사업 내용 변화를 알고 있어야 한다.

두 번째는 신문을 부지런히 읽어야 한다. "아니, 뉴스 보고 투자하면 마이너스라면서요."라고 반문하겠지만, 중요한 것은 신문에서 무엇을 읽어내는가다. 내가 보유한 종목의 뉴스가 아니라 그 회사를 둘러싸고 있는 산업 전체의 흐름을 읽어내야 한다.

주식시장에서는 소문에 사고 뉴스에 판다. 여러분이 뉴스를 보고 사는 순간은 이미 늦은 때다. 그 사실을 추론하고 상상해서 미리 사둔 사람만이 이익을 얻는다. 그러므로 우리가 신문에서 읽어야 하는 것은 내가 듣고 싶어하는 사실이 아니라 그 회사와 연관될 수 있는 무수히 많은 소식들이다. 정치인의 동향이나 관련 업종의 흐름일 수도 있고, 정책의 방향일 수도 있다. 그런 정보를 필자는 '점'이라고 표현한다. 신문에는 무수히 많은 점들이 있다. 그리고 상상력은 그 점들을 '선'으로 연결할 수 있는 힘이다.

뉴스의 겉과 속을 볼 수 있어야 한다.

　지난 7월 1일(미국 현지 시각으로 6월 30일) 새벽 미국증시가 마감된 후에 미국의 반도체업체인 마이크론 테크놀로지MICRON TECHNOLOGY INCORPORATED가 실적을 발표했다. 2분기는 나름대로 선방했지만 다음 분기의 매출 예상 액은 하향했다. 이 소식이 전해지면서 당일 한국증시에서 동종업체인 삼성전자와 하이닉스는 각각 −1.4%와 -3.8% 하락했다.

　그러나 그다음 날부터 마이크론 테크놀로지와 함께 삼성전자와 하이 닉스의 주가는 강한 반등세를 보여주었다. 다음 분기 실적이 나쁘다고 했음에도 주요 반도체 기업들의 주가가 다음날부터 반등한 이유는 무엇 일까?

매경이코노미

메모리 반도체 시황이 심상찮다...美 마이크론 매출 전망치 '뚝'

반진욱　입력 2022. 07. 01. 20:51　댓글 0개

　다음 페이지의 그림은 올해 1월부터 6월 말 현재까지의 주요 D램별 가격 추이다. 1월부터 6월 말까지 6개월간 DDR4 16G의 가격은 하락 했지만 아주 큰 하락이라고 말하기는 어려운 수준이다. 가격 하락이 미 미하다는 것은 대부분의 메모리 반도체 수요감소는 생각보다 심하지 않 다는 것을 말해준다. 그럼에도 불구하고 이 기간 동안 마이크론 테크놀 로지의 주가는 −45%, 삼성전자의 주가는 −30%나 하락했다.

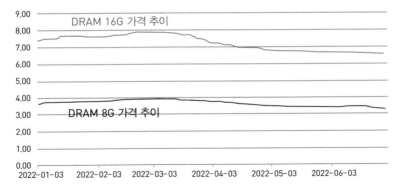

DRAM 가격

DRAM 16G 가격 추이

DRAM 8G 가격 추이

D램 가격의 추이만 본다면 이들 기업의 주가 하락은 과도한 수준이라고 볼 수 있다. 메모리 반도체의 실제 수요 감소량보다 기업의 주가가 훨씬 많이 하락한 이유는 채찍효과Bullwhip Effect 때문이었다. 아래 글은 매경 경제사전에 나와 있는 채찍효과에 대한 설명이다.

예측 가능한 장기적 변동을 제외하고 나면 대개의 제품에 대한 최종 소비자의 수요는 그 변동 폭이 크지 않다. 그러나 공급망을 거슬러 올라갈수록 이 변동 폭이 커지면서 채찍효과라는 용어가 사용되었다. '채찍효과'는 소를 몰 때 쓰는 긴 채찍의 경우 손잡이 부분에서는 작은 힘만 가해져도 끝 부분에서는 큰 파동이 생기는 데 착안하여 붙여진 이름이다.

다시 말해 공급망에 있어서 소비자 수요의 작은 변동이 제조업체에 전달될 때는 확대된다. 그러니 제조업체 입장에서는 수요의 변동이 매우 불확실하게 보이는 것이다. 이러한 정보의 왜곡 현상으로 공급망 전체로는 재고가 많게 되고 고객에 대한 서비스 수준도 떨어진다. 또한 생산 능력 계획의 오류, 수송상의 비효율, 생산계획상의 난맥 등과 같은 악영향이 발생하게 된다.

그럼 조금 더 쉽게 설명해보자. 경제에서 채찍효과란 실제 수요의 변동폭은 크지 않음에도 소비자에서 '소매업체〈도매업체〈제조업체' 쪽으로 갈수록 정보의 비대칭에 따라 재고량의 증가/감소의 폭이 큰 현상을 말한다.

아래의 그림에서 보듯이 소비자에게서 멀리 떨어진 제조업체일수록 재고 조정의 폭이 크다는 것을 알 수 있다. 실제 수요 감소 폭이 크지 않은 상태에서 소비자로부터 맨 마지막 지점에 위치한 제조업체가 재고조정을 한다면, 그것은 주가 하락의 마지막 순서가 되는 경우가 많다. 마지막 불확실성을 정리했으니 이제는 반대로 상승으로의 추세 전환을 시도할 것이기 때문이다.

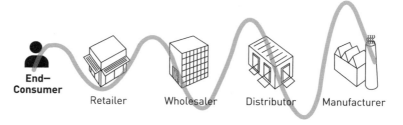

The Bullwhip Effect, a crucial notion in supply chains

마이크론 테크놀로지와 삼성전자의 주가도 채찍효과로 인해 실제 수요 감소보다 큰 재고조정을 보이면서 과도한 하락을 보여주었다. 실제 메모리반도체 수요 감소폭을 고려할 때 MU 및 삼성전자의 주가는 채찍효과가 미리 반영되어 있었고, 실제로 뉴스가 나오면서 악재가 소멸된 것이라 추정할 수 있다.

만약 마이크론 테크놀로지나 삼성전자, 하이닉스 등의 주가가 채찍효과에도 불구하고 견고한 하방경직성을 보여주고 있었다면 MU의 실적발표 뉴스를 봤을 때 즉시 매도하는 것이 바른 선택이었을 것이다.

그러나 지난 6개월 동안 이들 주가는 이런 채찍효과에 따른 재고조정을 미리 반영하고 있었다. 뚜렷한 이유도 없이 지난 6개월간 주가가 하락하고 있었는데 그 이유가 밝혀진 것이다. 불확실성 해소 차원에서 주가는 그다음 날부터 반등을 보여주었다. 투자자라면 뉴스의 액면만 보는 것을 넘어 이처럼 전체적인 흐름을 조망할 수 있어야 한다.

증권사 리포트는
'이렇게'
활용해야 한다

주식투자자들이 특정 종목에 대한 정보를 얻는 가장 좋은 방법 중 하나
는 증권사의 기업 및 산업분석 리포트를 참고하는 것이다. 증권사는 유
능한 애널리스트를 보유하고 있어 매일 다양한 보고서를 발간한다. 특
히 기업체 방문 등을 통해 얻은 살아 있는 정보는 개인들이 접근하기 어
려운 영역으로, 투자에 유용하게 활용할 수 있다.

　　대부분의 리포트에는 애널리스트들이 생각하는 목표주가가 있어서
투자자들은 매매 여부를 결정할 때 이를 참고한다. 문제는 모든 리포트
가 항상 맞는 게 아니라는 점이다.

애널리스트의 리포트 속 목표주가를 점검하는 법

특히 개별 기업에 대한 분석 리포트는 더 조심해야 한다. 필자가 특정 기업의 리포트를 투자에 활용하는 방법은 아래와 같다. 이런 방식이 귀찮다고 생각한다면 단언컨대 투자를 하지 않는 것이 좋다. 돈 버는 일은 결코 쉬울 수 없다. 남들과 다르게 무엇이라도 해야 손실을 줄이고 수익을 높일 수 있다는 걸 잊지 말아야 한다.

삼성전자를 예로 증권사 리포트 활용법을 살펴보자. 4월 13일자 IBK 증권사의 삼성전자 리포트에서 제시한 목표가는 10만 원이다. 현재 삼성전자 주가는 4월 21일 기준으로 67,700원이다. 즉 현재 가격 대비 무려 50% 가량이나 업사이드 가능성이 있다고 본 것이다. 그렇다면 당장이라도 사야 할까? 그 전에 필자의 방식으로 하나씩 점검부터 해보자.

가장 먼저 해야 할 일은 미국증시에 상장되어 있는 삼성전자가 속한 업종의 ETF부터 확인하는 것이다. 삼성전자는 반도체 업종이다. 포털에서 '미국 반도체 ETF'를 검색하면 대표 ETF로 'SMH'가 나온다. SMH 차트를 보면 미국시장에서 반도체 업종의 투자 기상도를 어느 정도 추론할 수 있다. 필자가 주로 이용하는 사이트는 'STOCKCHARTS. COM'이다. 이곳에서는 미국에 상장되어 있는 거의 모든 종목의 차트를 기간에 따라 다양하게 조회할 수 있다.

다음 페이지의 그래프는 SMH의 최근 6개월 동안의 일간 차트다. 작년 연말에 고점을 찍고 현재까지 약 −20%를 기록 중이다. 미국 주식시장에서도 반도체 ETF에 돈이 유입되지 않고 있으니 미국뿐만 아니라

SMH의 최근 6개월간 일간 차트.

한국의 반도체업체의 주가도 이와 비슷한 추이를 유지하고 있는 것이다. 차트에서 200일 이동평균선(빨간색)은 장기 추세선이다.

200일 이동평균선 아래에 주가가 유지되고 있다면 리포트의 목표주가가 아무리 높아도 일단 매수를 미루는 것이 좋다. 현금이 많다면 사두고 기다리면 되겠지만 그렇게까지 할 정도로 우리의 인내심은 강하지 못하다. 이왕이면 현금을 들고 있다가 SMH 차트가 200일선 위로 올라왔을 때 목표주가를 감안해서 매수해도 늦지 않다. 다 먹으려고 미리부터 들어갔다가 속이 시커멓게 망가지는 것보다 편안하게 잠들면서 투자하는 것이 훨씬 좋은 투자 방법이다.

두 번째는 외국인과 기관투자가의 '매수·매도'의 지속 여부를 확인해야 한다. 자산시장에서 매번 가장 높은 투자수익률을 기록하는 이들은 큰손들이다. 자본에는 중력의 법칙이 존재하기 때문이다. 돈이 많은 세력이 들어와 주식을 많이 사면 주가는 오르고, 반대로 계속해서 매도하면 주가는 하락하게 되어 있다.

카지노에 가본 적이 있는가? 여러분이 카지노에서 돈을 따지 못하는 것은 카드 기술이 부족해서 그런 것이 아니다. 카지노보다 자본이 적어서 그런 것이다. 만약 워런 버핏이 카지노에 간다면 그는 무조건 돈을 따게 되어 있다. 그는 웬만한 카지노보다 돈이 많기 때문이다. 주식시장에서 돈이 많은 세력은 외국인과 기관이다. 이 두 세력이 특정 종목을 계속해서 매수 또는 매도하고 있다면 그대로 따라가면 된다. 적어도 손실을 입지는 않을 것이다.

주가도 추세가 중요하다. 추세가 바뀌기 위해서는 모멘텀이 필요한데, 모멘텀은 차트에서 대량 거래를 수반한 장대양봉이나 음봉으로 파악할 수 있다. 하락 추세에서 상승 방향으로의 추세 전환은 장대양봉으로, 상승 추세에서 하락으로 전환되는 신호는 장대음봉으로 확인이 가능하다.

삼성전자는 외국인 지분률이 약 51.4%다. 외국인 투자자의 지분이 기관투자 전체의 지분보다 많기 때문에 그들이 최근 어떤 방향성을 보이는지 살펴봐야 한다. 반대로 외국인 지분률이 낮은 기업이라면 기관의 추세를 먼저 살피는 것이 좋다. 삼성전자의 최근 3개월간 외국인 매매 추이는 2월 초 반짝 매수 이후에 지속적인 매도세를 유지하고 있다. 주가를 확인하면 2월 초에 잠깐 반등하다가 약 두 달 넘게 꾸준히 하락하는 것을 확인할 수 있다.

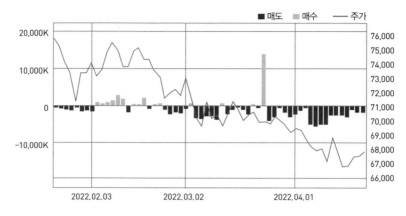

삼성전자의 외국인 매매 추이(2022년 2월에서 4월까지).

출처: PAXNET

주가는 재료보다 '수급'이 우선이다. 주식을 많이 보유하고 있는 세력의 매도세가 매수세보다 높으면 결국 하락하는 것이 주식의 가격이다. 삼성전자 같은 초우량기업도 예외는 아니다.

애널리스트의 직업적 한계를 이해하라

증권사의 애널리스트는 완전히 독립적인 관점으로 기업을 분석하지 않는다. 증권사에 소속되어 있기에 해당 증권사의 이해관계에서 자유로울 수 없다. 증권사도 서비스 차원에서 애널리스트팀을 운영하지 않는다. 반드시 자사 경영에 이익을 가져올 목적으로 조직을 구성한다. 증권사 순이익에서 가장 중요하고 많은 부분을 차지하는 것은 브로커리지

166 __

Brokerage, 즉 중개수수료다. 이 수수료를 발생시키는 증권사 고객의 핵심은 기관투자가들이다. 연기금, 금융기관, 일반법인 등 증권사의 법인영업팀 사원들이 적극적인 영업 활동을 한다. 채권과 주식을 발행하는 것에서부터 큰 매매(주식 및 채권) 주문을 확보하는 등의 영업을 통해서 증권사의 영업이익이 상당한 수준으로 확보되는 것이다.

이렇게 영업 활동을 할 때 증권사는 애널리스트들을 활용하기도 한다. 한국을 비롯한 글로벌 주요 시황을 전달하고, 펀드 수익을 올려줄 수 있는 다양한 산업 및 기업정보를 서비스하면서 애널리스트 리포트를 활용하는 것이다. 이것을 필자는 애널리스트의 외부적 이해관계라고 표현한다.

애널리스트의 내부적 이해관계도 무시할 수 없다. 그런 이유로 특정 기업이나 시황을 언급할 때 부정적인 의견을 내기 어려워진다. 특정 종목에 대해 매도 의견을 내기도 어렵고, 글로벌경제가 부정적으로 흘러간다고 해도 현금 비중을 늘리거나 매매를 줄여야 한다고 말하기가 쉽지 않다.

증권사 입장에서는 리포트를 발간하는 산업과 기업이 좋게 보인다고 이야기해줘야 매매가 활성화되고 영업이익도 증가한다. 이런 이유로 증권사 리포트의 경우 시황, 산업, 기업분석 리포트 등 종류를 가리지 않고 매도 의견은 극소수이고, 대부분 매수 의견으로 발간하게 된다. 이렇다 보니 애널리스트들은 긍정적이면서 낙관적인 방향으로 리포트를 발간할 수밖에 없다. 투자자들은 이런 이해관계를 감안하고 객관적인 관점을 유지하면서 리포트를 읽을 필요가 있다.

오로지 주가의 추이만 믿어라

마지막으로 가장 중요한 것에 대해 이야기할 차례다. 그것은 바로 애널리스트 의견이 아닌 현재 주식 가격의 추이를 믿으라는 것이다. 리포트를 보면 긍정적인 내용이 대부분이다. 현재 주가보다 목표주가가 높다면 분명 보고서는 좋은 내용으로 채워놓았을 확률이 높다. 하지만 이런 경우엔 리포트 내용보다 '가격' 그 자체를 믿어야 한다.

앞서 언급했지만 주가는 우리가 알고 있는 모든 사실을 반영하고 있다. 그리고 미래의 주가는 우리가 모르는 어떤 사실이 결정하는 것이다. 우리가 모르는 호재가 있다면 그 호재가 공개될 때까지 주가는 계속 오르게 되어 있고, 반대로 현대자동차 사례처럼 악재가 알려질 때까지 주가는 하락하게 되어 있다.

도대체 주가가 왜 이렇게 떨어지는지 궁금해서 여기저기 검색하고 네이버 종토방을 들락거려봤자 얻는 것은 아무것도 없다. 만약 이미 높은 가격에 매수해서 보유하고 있는 사람이라면 어떻게 해야 할까? 이는 주가가 하락할 때마다 조금씩 물을 타다가 지쳐가고 있는 이들에게 필요한 조언이니 잘 참고하기를 바란다.

반도체 관련주를 예로 들어보자. 반도체 산업은 시클리컬Cyclical 업종이다. 계절처럼 주기가 있어 불황이 있으면 호황이 시차를 두고 온다. 즉 부도 위험이 있는 기업이 아닌 좋은 기업의 경우 기다리면 결국 주가가 올라간다는 것이다. 이런 때는 함부로 물을 타지 말고 장대양봉이 나올 때까지 기다려야 한다. 그것도 아니면 외국인 투자자들이 1주일 이상 매수세를 유지하거나 반도체 ETF가 200일선 위로 올라오는 시점까지 참고 견뎌내야 한다.

'물타기'는 절대 함부로 하면 안 된다. 중요한 것은 추세 전환을 기다리는 것이다. 그래서 필자는 이런 말을 자주 한다. "우리가 타야 하는 것은 물이 아니라 추세다."

'가격(시세)'을 믿어야 하는 것은 특별한 재료가 없는데도 계속해서 주가가 올라갈 때다. 갑자기 급등하는 것은 일단 파는 것이 좋지만 소리 소문 없이 조금씩 가격이 상승한다면 일단 버텨야 한다. 내가 모르는 어떤 이유 때문에 주가가 올라가는 것이니, 분명 무슨 이유가 있을 거라 믿고 기다릴 수 있어야 한다. 애널리스트의 목표주가나 뉴스보다 정확하고, 종토방의 떠도는 이야기보다 더 확실한 것은 가격이고 추세다. 장대음봉이 출현하거나, 뉴스를 통해 상승을 설명할 수 있는 재료가 나올 때까지 버티면 수익이 여러분을 맞이해줄 것이다.

좋은 회사가
반드시
좋은 주식은 아니다

어떤 회사가 좋은 회사일까? 일반적으로 좋은 회사의 요건을 꼽으라 하면 대부분은 재무적 안정성이나 높은 연봉, 정년보장 및 지속성 등을 떠올린다. 그런 회사 중 한국인이 생각하는 가장 좋은 회사는 대체로 삼성전자, 네이버, 카카오 등으로 이들은 상위 순위에 포진되어 있을 것이다. 그런데 주식투자자들에게 이들 회사에 대해 물으면 다른 대답이 나올 확률이 높다. 최근 1년 사이에 이들 기업에 투자한 경우 마이너스 수익률을 기록했을 가능성이 높기 때문이다.

이처럼 일반인에게 좋은 회사가 투자자에게도 반드시 좋은 회사는 아니다. 주식투자자들에게 좋은 회사의 선정 기준은 오로지 '수익'으로 판단된다. 그렇다면 어떤 회사들이 투자자들에게 높은 수익을 보장해줄 요건을 갖추고 있을까? 그런 회사를 찾아야 투자의 목적인 수익 달성에 유리하다.

투자자들에게 수익을 안겨줄 좋은 회사의 첫 번째 요건

투자자가 높은 기대수익을 가져갈 수 있는 좋은 회사는 첫째 적자에서 흑자로 전환될 가능성이 높은 '턴어라운드 기업'이다. 주가는 현재가치에 미래가치를 더한 것이며, 미래가치는 자산가치와 수익가치가 합쳐진 것이다. 적자기업은 수익가치는 없고 자산가치만 있어서 미래가치가 없다고 볼 수 있다. 물론 쿠팡처럼 수익이 나지 않아도 성장성이 확인된 기업은 또 다른 이야기다. 그렇게 성장을 지속하다 보면 결국 수익이 날 것이기 때문이다.

여기서 말하는 적자기업은 성장성이 없거나, 성장성을 의심받는 기업을 말한다. 일정 기간 동안 적자에 빠지면 주가는 상당한 할인을 받으며 하락한다. 이런 상태에서 흑자로 전환될 가능성이 있는 기업은 그동안 인정받지 못하고 있었던 미래가치가 플러스로 전환되면서 주가 상승률이 커질 가능성이 높다.

문제는 이런 기업을 어떻게 찾아내느냐 하는 것이다. 내부정보가 없는 상황에서는 점쟁이를 찾는다고 해도 뚜렷한 해법이 나오기 어렵다. 이를 알아내는 좋은 방법 중 하나는 상장기업이 매 분기마다 공시하는 사업보고서를 꼼꼼히 체크하는 것이다. 모든 회사는 분기 실적을 거래소에 보고하게 되어 있는데 일정한 양식으로 서류를 제출하게 된다.

분기 보고서 목차 중에 'II. 사업의 개요'가 있고, 그 하위 카테고리인 '사업의 개요'와 '주요 제품 및 서비스' 안에 힌트를 담아두고 있다. 어떤 사업을 하고 있으며, 경쟁력은 무엇이고 향후 계획은 어떤지까지 상세하게 담고 있어 적자기업일 경우 턴어라운드 가능성을 일부 확인할 수 있는 중요한 항목이다. 그 내용을 읽어보고, 기업이 추진하는 품목이나 제품이 현재 시장에서 어떤 포지션인지 검색을 통해 확인해보면 대략적으로 턴어라운드 가능성을 유추해볼 수 있다. 투자자라면 적어도 분기 말에 나오는 기업의 사업보고서를 한 번씩은 정독할 필요가 있다.

투자자들에게 수익을 안겨줄 좋은 회사의 두 번째 요건

투자하기 좋은 회사의 요건 두 번째는 '성장산업에 진출하려는 회사'다. 기업은 독점시장이 아닌 이상 피할 수 없는 경쟁에 직면하게 되어 있다. 이런 경쟁을 피하기 위한 가장 좋은 방법은 성장성이 높은 새로운 업종이나 제품에 진출하는 것이다. 현재 영위하고 있는 제품이나 서비스에서 확보한 기술이나 노하우로 사업 기반을 확대해나간다면 성공 확률이 높아진다.

이런 회사의 실마리도 턴어라운드 회사와 마찬가지로 분기마다 공시하는 사업보고서 안에서 잠재력을 평가할 수 있다. 다만 피해야 할 회사는 현재 영위하고 있는 것과 전혀 관련이 없는 엉뚱한 사업을 하겠다고 공시하는 업체다. 이런 회사의 경우 테마를 타고 잠깐 주가가 상승할 수는 있지만 반짝 상승에 머문다. 그때 들어가서 물리면 언제 오르게 될지 기약이 없으니 무조건 조심해야 한다.

투자자들에게 수익을 안겨줄 좋은 회사의 세 번째 요건

마지막으로 투자하기 좋은 회사는 주주의 이익을 우선시하는 회사다. 여기서 주주의 이익이란 대주주가 아니라 '소액주주'를 말한다. 대주주 이익을 우선하는 회사는 시장에서 항상 할인을 받게 되어 있다. 대주주를 빼고는 전체가 소액주주이고, 소액주주가 적극적으로 매수하지 않는 이상 주가는 오를 일이 없다.

대주주의 이익을 우선하는 대표적인 회사가 '물적분할'을 행사하는 회사다. 2021년에 물적분할을 했던 대표적인 회사가 LG화학과 SK이노베이션이다. LG화학은 배터리사업부를 물적분할해 LG에너지솔루션으로, SK이노베이션도 배터리사업부를 SK온으로 물적분할했다. 이들 두 회사의 경우 회사를 두 개로 나누어 소유하게 되니 대주주 입장에서는 손해볼 것이 없다. 아니 분할한 회사가 IPO를 통해 상장할 경우 추가 이익도 기대할 수가 있다.

그러나 물적분할의 경우 소액주주에게는 아무런 혜택이 없다. 분할한 회사의 지분을 하나도 소유하지 못해 오히려 손해를 보게 된다. 이런 이유 때문에 자본주의 선진국인 미국에서는 물적분할을 하지 않는다. 이를 금지한다는 법적 장치는 없지만, 해서는 안 될 일이라는 상식이 사회 전반에 깔려 있다.

앞서 언급한 두 회사와 비슷한 성격을 갖고 있는 기업이 카카오다. 카카오는 카카오뱅크, 카카오페이, 카카오게임 등의 자회사를 계속해서 상장시키고 있다. 그런데 실제 사업은 카카오 안에서 이루어지고 있기에 이는 물적분할과 그리 다르지 않다. 대주주는 IPO를 통해 자금을 확보하지만 소액주주는 주가 하락의 고통을 당하게 된다. 한국증시가 미국처럼 장기투자하기 어려운 이유는 이러한 기울어진 운동장 시스템 때문이다.

미국의 사례를 보자. 애플은 제조업과 아이패드사업부, 앱스토어를 분사할 생각을 하지 않는다. 구글 역시 유튜브, 자율주행, 클라우드 사업부를 따로 분리하여 IPO할 계획이 없다. 굳이 사업부를 분사하고자 할 때 사용하는 방법이 인적분할이다. 인적분할을 하게 되면 소액주주도 대주주와 같은 비율로 분사하는 회사의 지분을 확보하게 된다.

최근에 AT&T는 OTT 사업을 분사해 디스커버리와 합병한 후 워너브라더스디스커버리(이하 WBD)를 상장했다. 이 또한 인적분할 회사다. 기존 주주는 약 70%의 AT&T 주식과 30%의 WBD 주식을 배정받아 손해를 보지 않았다. 이렇게 소액주주 이익을 보호하는 회사는 이익잉여금을 배당할 때도 최선을 다한다. 투자자들에게는 이런 회사가 정말 좋은 회사다.

종목 분석 리포트에서 반드시 확인해야 할 세 가지

증권사 리포트의 종류는 다양하다. 경제시황, 산업분석, 채권시황, 기업 분석 등이 있는데 이 중 개인투자자들이 가장 자주 읽거나 인용하는 것은 '기업분석 리포트'다. 특정 종목의 매출과 이익 및 향후 성장성 등에 대한 애널리스트의 의견이 담긴 리포트를 활용하여 종목을 선정하기 위해서다. 종목을 고르는 것은 쉽지 않다. 특히 어떤 회사가 좋은지, 성장성은 있는지 등에 대한 지식과 정보가 적은 상황에서는 더욱 그렇다. 이때 증권사의 종목분석 리포트는 중요한 활용지표가 된다.

그런데 안타깝게도 종목분석 리포트를 볼 때 대부분의 사람들은 리포트 내용이 아닌 '목표주가'에만 주목한다. 해당 종목의 현재 주가와 비교해 목표주가가 더 높은 종목을 택해서 매매하곤 한다. 필자도 투자 실패를 거듭할 무렵에는 그랬다. 어차피 읽어봐도 잘 모르는 내용이 많았고, 결국 이런 리포트의 목적은 초과수익을 낼 수 있는 근거를 제시한 것이니까 목표가격만 알면 된다는 유혹에 쉽게 빠지곤 했다.

물론 대세상승장이라면 그렇게 해도 실패할 확률이 낮다. 그러나 시장의 변동성이 높거나 거시경제 상황이 좋지 않을 때는 그런 식의 투자로는 어려움을 겪을 수 있다. 여러 차례의 투자 실패를 경험한 후, 필자는 종목분석 리포트를 볼 때 반드시 확인하는 사항이 있다. 이 책의 독자들도 이를 점검하면서 혹시라도 저지를지 모를 실수를 미연에 방지했으면 한다.

주성엔지니어링과 티엘비의 목표주가, 왜 결과는 달랐나

먼저 목표주가가 높은 리포트를 주의해야 한다. 리포트에서 제시한 가격만 믿고 추격매수를 하면 대부분 '물려서' 한동안 고생을 하게 된다. 이렇게 목표주가가 높은 종목분석 리포트를 볼 때는 반드시 확인해야 할 것들이 있다. 리포트 발행 전에 주가가 올랐는지 여부다. 필자가 이미 여러 번 강조했듯이 주가 상승은 우리가 모르는 어떤 일에서 비롯된다. 누군가가 목표가격이 높은 리포트가 나올 줄 알고 미리 매수를 하면서 가격을 올렸다면 그 리포트가 발간된 시점 근처가 주가의 단기 혹은 중기 꼭지일 확률이 높다.

투자자들이 원하는 초과수익을 달성하기 위해서 가장 좋은 소스는 '내부정보'다. 특정 회사에 대한 정보 접근성이 높은 사람이 정보를 얻어서 매수를 하거나, 그 정보가 애널리스트를 넘어서 세력 등에게 넘어갈 경우 이들은 소문에 사서 뉴스에 팔 가능성이 크다.

2022년 3월, 지수 전체가 빠지는 상황과는 반대로 상승을 보여주었던 종목 중 '주성엔지니어링'이 있었다. 아래는 모 증권사에서 발간한 주성엔지니어링 종목분석 리포트다(2월 28일자). 직전 거래일 주가는 24,650원이었는데 증권사는 목표주가를 3만 원으로 제시하면서 매수 분위기를 만들어줬다.

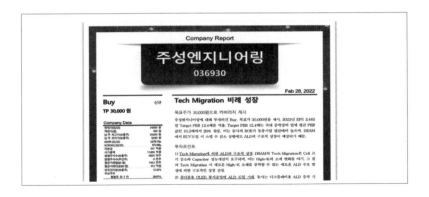

그 당시는 러시아가 우크라이나를 침공하면서 지수가 크게 하락한 상황이었다. 이런 상황에서 특정 종목에 대해 높은 목표가를 제시하는 것은 쉬운 일이 아니다. 자, 그럼 리포트 전에 주가가 올랐는지 여부를 살펴보자. 다음 페이지의 자료는 리포트가 나오기 전과 이후의 주성엔지니어링 주가 추이다. 2월 18일 21,100원을 기록했던 주가는 25일까지

22/03/03	27,550	▲	1,650	6.37
22/02/28	25,900	▲	1,250	5.07
22/02/25	24,650	▲	2,400	10.79
22/02/24	22,250	▲	700	3.25
22/02/23	21,550	▲	100	0.47
22/02/22	21,450	▲	150	0.70
22/02/21	21,300	▲	200	0.95
22/02/18	21,100	▼	50	− 0.24

주성엔지니어링 주가 추이(2022년 2월 18일부터 3월 2일까지).

연일 상승하면서 분위기를 만들고 있었다. 리포트 발표 직전 7거래일 동안 주가는 무려 약 20% 상승했다. 리포트 당일과 그다음 날 거래량이 급증하면서 주가는 추가 상승의 가능성을 높여주었다. 그러나 잔치는 딱 거기까지였다.

다음 페이지의 차트에서 확인할 수 있듯이 주성엔지니어링 주가는 정확하게 이틀 후에 고점을 형성하고 하락하기 시작했다. 우연의 일치라 볼 수도 있지만, 누군가 이런 정보를 미리 알고 선취매했을 가능성도 배제할 수 없다. 리포트의 목표주가만 믿고 뒤늦게 매수해서 제때 매도하지 못했다면 마음고생이 컸을 것이다. 이렇게 종목분석 리포트가 나왔을 때는 그 내용을 무조건 믿기보다는 그 전에 가격이 얼마나 올랐는지 여부를 꼭 확인하고 접근해야 한다.

반대의 상황도 목격할 수 있다. 지난 4월 22일 모 증권사는 당시 주가 상승률이 높았던 PCB업체 중 새롭게 주목할 만한 업체를 선정하는

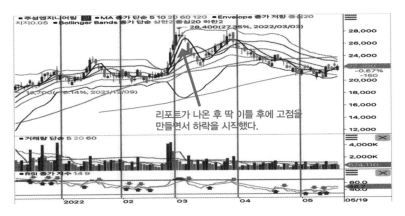

주성엔지니어링의 주가 추이(2022년 5월까지).

리포트를 발간했다. 그 종목은 '티엘비'다. 필자가 앞서 언급한 좋은 주
식의 조건 중 첫 번째가 '턴어라운드 기업'이었던 것을 기억할 것이다.
티엘비의 리포트를 읽어보니 턴어라운드 요소가 있었다. 그런데 목표주
가가 당시 주가보다 월등히 높은 게 아닌가. 그렇다면 확인할 게 있다.
리포트 발간 직전 1주일 정도 주가가 올랐는지 여부를 점검해야 한다.

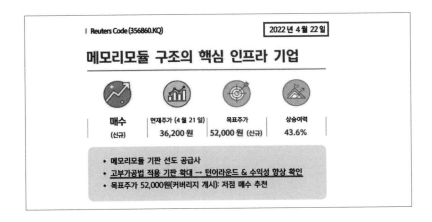

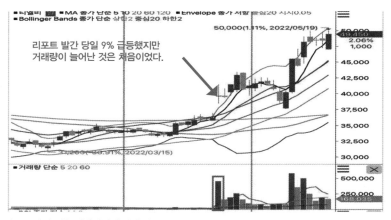

리포트 발간 당일 9% 급등했지만 거래량이 늘어난 것은 처음이었다.

리포트 발간 전후 티엘비의 추가 추이.

리포트가 나오기 직전 1주일 동안 티엘비 주가는 4% 정도밖에 오르지 않았다. 일단 미리 사둔 세력은 없다고 추정할 수 있다. 그런데 리포트가 나온 당일 주가는 9.5%나 급등했다. 이때 매수 흐름을 따라갈지 말지 고민하게 되는데 이렇게 급등한 종목은 무조건 참아야 한다. 그런데 티엘비는 주성엔지니어링과 다른 점이 있었다. 발표 직전에 미리 선반영된 부분이 없었다는 점이다. 그렇다면 차트를 살펴볼 필요가 있다.

티엘비의 차트를 보면 발표 당일 주가가 급등했을 뿐, 그 직전에 큰 변화가 없었다. 대량 거래가 발생한 것도 리포트 발간 당일이었다. 이두 가지가 주성엔지니어링과 다른 점이었다. 이렇게 좋은 업황과 턴어라운드 호재까지 있는데 미리 오르지 않았고, 대량 거래도 처음으로 터진 종목이라면 급등에 따라붙는 것도 좋다. 하지만 그보다 더 좋은 방법은 조정을 기다리는 것이다. 급등하면 반드시 조정이 오는 것이 주식이다. 이런 때는 '돈이 없지 종목이 없냐?'라는 마인드가 필요하다.

종목분석 리포트 활용 시 반드시 확인해야 할 세 가지

주성엔지니어링과 티엘비의 분석 리포트에서 우리가 반드시 기억해야 할 것이 있다. 첫 번째는 목표가보다 그 종목이 속해 있는 업황을 봐야 한다는 점이다. 주성엔지니어링은 반도체 장비업체고, 티엘비는 PCB업체다. 3월 초 반도체 종목의 대표 격인 삼성전자 주가나 미국의 반도체 ETF를 보면 업종 흐름이 만만치 않음을 알 수 있었다. 반대로 PCB는 올해 내내 상승을 이어가고 있는 섹터다.

이렇게 종목 리포트가 나오면 목표주가보다 먼저 이 업체가 속해 있는 업종의 상황, 즉 업황을 먼저 확인해야 한다. 리포트에 턴어라운드 가능성을 언급했다는 이야기는 산업 전체 분위기가 좋다는 것이다. 이런 정보는 포털에서 업종 검색만 해도 나온다.

두 번째는 리포트 발간 이전에, 적어도 1주일 동안 주가가 미리 상승했는지 여부를 파악하는 것이다. 리포트가 나오기도 전에 거래량을 늘리면서 10% 넘게 상승했다면 일단 피하고 볼 일이다. 누군가는 그 정보를 미리 알고 선취매를 해놓고 분위기를 만들고 있었을 가능성이 크기 때문이다. 스윙매매에 자신이 있다면 이런 종목에서 승부를 볼 수도 있다.

하지만 분위기를 잘못 타면 일순간 물리는 것이 주식이다. 주가가 미리 오른 상태에서 거래량도 상당히 늘어났다면 일단 냄새나는 종목이므로 접근하지 않는 것이 좋다. 매수한 사람이라면 리포트 당일부터 분할 매도할 것을 추천한다. 적당히 욕심을 줄이면서 다른 사람들이 사고 싶어할 때 조금씩 팔아주는 것이다.

마지막으로 세 번째는 동종업체들의 최근 주가흐름이다. 주성엔지니어링은 반도체 장비주이므로 다른 반도체 장비업체들의 주가를 점검하면 된다. 마찬가지로 티엘비는 PCB 업종의 최근 주가 상황을 보고 다른 업체들이 계속 상승 중이라면 일단 긍정적으로 받아들일 필요가 있다.

웅덩이에 물이 들어오기 시작하면 가장 먼저 낮은 곳에 물이 채워지듯이 주식시장도 마찬가지다. 점점 물이 차올라 순차적으로 다른 업체까지 물의 혜택을 입게 된다. 대박 음식점이 있는 골목은 다른 음식점도, 심지어 그 근처에 있는 호떡가게까지 이익을 본다는 점을 기억하자.

주가의 미래를 상상할 때 반드시 점검하는 3대 지표

우리는 누구나 매일, 매순간 수많은 갈등 상황에 직면한다. 그 과정에서 중요한 것은 선택이다. 역사적으로 인간은 에너지를 아낄수록 생존 가능성이 높았기 때문에 어제보다 오늘 더 편하게 지내고자 하며, 에너지를 적게 사용하는 쪽을 탐한다. 인간의 뇌는 끊임없이 '뭐 하러 귀찮게 이것저것 살펴보고 고민을 하느냐고, 에너지를 아끼며 살라'고 부추긴다.

삶에서 갈등에 빠지는 상황도 십중팔구 '귀찮은데 그걸 해? 말아?'의 문제로 귀결된다. 가령 '청첩장을 받았는데 직접 가야 하나, 아니면 축의금만 송금할까?', '동창 친구의 아버님이 돌아가셨다는데 조문을 가야 하나, 아니면 친구를 통해서 조의금만 보낼까?' 하는 상황들도 결국 에너지를 어느 정도 사용하느냐의 문제다.

필자는 이런 갈등 상황에서는 인간의 본성과 반대로 행동하는 것이 좋다고 말하곤 한다. 나의 입장에서 생각해보면 돈만 보내는 사람보다는 직접 와주는 지인이 더 고맙기 때문이다. 자신의 소중한 에너지를 사용해주는 사람을 더 좋아하고 인정하게 되는 것은 인지상정이다. 내가 원하는 것은 누구나 원한다. 타인에게 비위를 맞추라는 것이 아니다. 누군가와 친하게 지내고 싶거나 그에게 사랑받기를 원한다면 그만큼 나의 에너지를 써야 한다는 뜻이다.

돈이 원하는 에너지를 쓸 준비를 하라

아무리 작은 구멍가게를 하는 사람이라도 매일 아침마다 해야 할 일들이 있다. 가게 문을 열어야 하고, 최근 들어 손님들이 더 많이 찾는 물건을 알아내 진열을 재정비해야 한다. 주변에 경쟁 가게가 생겼다면 거기서는 어떤 물건을 주력으로 밀고 있는지 어떻게 판매하는지 탐문하면서 자신의 상점을 점검할 필요도 있다.

주식투자도 마찬가지다. 모의투자가 아닌 이상 내가 열심히 일해서 번 돈으로 사업을 한다고 생각해야 한다. 매일 아침, 매 분기마다 점검해야 할 변수가 있다. 그런 변수들을 점검하지 않고 주식투자를 하는 것은 천수답에서 농사를 짓는 것과 다를 바가 없다. 오로지 비가 오기를 기다리며 하늘만 바라보는 주식투자는 성공할 확률이 떨어진다. 어쩌다 한번은 운 좋게 수익을 낼 수도 있지만 문제는 그다음부터다. 초보투자자들이 자신의 에너지를 사용하지 않고 돈을 버는 것은 잃는 것보다 더 위험하다.

인간은 남들이 생각하는 것 이상으로 자신을 높게 평가하는 경향이 있다. 우연히 거둔 한 번의 성공으로 자신이 주식투자에 재능이 있다고 생각해선 안 된다. 그 순간 큰돈을 잃을 예약을 한 것과 다름없다. 필자의 주식투자 흑역사도 이와 다르지 않았다. 아니 똑같았다. 어제와 같은 방식으로 투자하면서 오늘은 다른 결과를 원했다.

하지만 꾸준히 수익을 내기 위해서는 '돈이 원하는 에너지를 쓸 준비'가 되어 있어야 한다. 그러면 투자한 돈도 나에게 보답을 한다. 물론 바쁜 일상생활에서 쉼 없이 쏟아지는 정보를 매일매일 점검하는 것은 불가능에 가깝다. 그럼에도 반드시 점검해야 하는 것이 있다. 적어도 다음에 말하는 것들만은 시간과 에너지를 사용해서 반드시 확인해야 한다. 그래야 내가 투자한 돈으로부터 인정받을 수 있다.

'직전 분기 실적'을 반드시 점검하라

가장 중요한 것은 매 분기마다 공시를 통해 알려주는 '사업보고서'를 정독하는 것이다. 사업보고서에는 분기 실적, 회사가 추진 중인 사업 내용, 미래를 위해 연구 중인 사안 등 회사의 현황이 모두 상세하게 기술되어 있다.

그렇다면 가장 먼저 점검해야 할 것은 무엇일까? 우선 '분기 실적'이다. 분기 실적을 살펴볼 때는 전 분기의 실적을 대비해서 봐야 한다. 거래소 사업보고서는 1년 전 같은 분기의 실적을 공시하는데, 더 중요한 것은 작년 동기가 아니라 '직전 분기 실적'이다. 직전 분기 실적을 보려면 어쩔 수 없이 지난 분기 사업보고서를 참조하는 수밖에 없다.

사실 거래소의 공시규칙 자체가 바뀌어야 한다. 회사가 실적을 공시할 때 의무적으로 '현 분기, 직전 분기, 전년 동기' 실적을 비교할 수 있도록 규정을 만들어줄 필요가 있다. 이렇게 하면 개인투자자가 일일이 알아보지 않아도 된다.

사업보고서에서 두 번째로 살펴봐야 할 것은 생산 판매하는 제품의 경쟁력에 대한 내용이다. 아래 사진은 삼성전자의 사업보고서 첫 번째 화면을 캡처한 것이다. 붉은색으로 표시한 부분이 삼성전자의 사업에 대하여 구체적으로 기술한 페이지다.

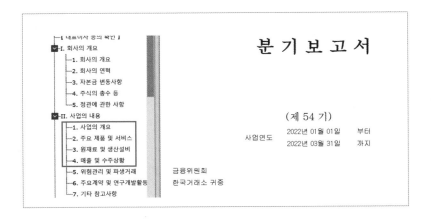

사업보고서에서 실적과 함께 표시된 4개의 목록을 정독하면 회사의 현재 상황과 미래의 방향까지 어느 정도 이해할 수 있다. 특히 성장성이 높은 제품을 생산하는 회사일 경우 '3. 원재료와 생산설비'에 포함된 '가동률'에 주목해야 한다.

가동률이 높은 상황에서 매출과 영업이익이 전 분기보다 높아졌다면 이는 다음 분기에도 이어질 가능성이 높다. 또한 가동률이 높은 상황에서 향후 설비증설 공시가 나와준다면 그것은 주가 상승을 가져올 호재가 될 수 있다. 반대로 가동률이 전 분기보다 하락했다면 일단 부정적인 소식으로 보고 주가흐름을 관찰하면서 매도 여부를 신중히 고민해야 한다.

영업이익과 영업이익률로 '시가총액'을 계산하라

영업이익을 매출액으로 나눈 영업이익률은 '사업보고서 재무제표'에서 확인할 수 있다. 사업보고서에서 확인하면 될 사항을 별도로 빼서 설명하는 이유는 그만큼 중요하기 때문이다.

영업이익률은 회사가 영업 활동을 통해서 이익을 낸 중요한 지표다. 회사의 가치는 이를 바탕으로 전체 '시가총액' 관점에서 평가해야 한다. 시가총액을 주식 수로 나눈 것이 현재의 주가다. 눈에 보이는 것은 주식의 가격이고, 보이지 않는 것은 시가총액이다. 주가가 높으면 대부분은 비싸다고 생각한다. 이는 보이지 않는 것을 보지 못하기 때문에 생기는 오해다. 회사의 시가총액이 얼마인가가 중요한 것이지 주가가 얼마인지는 그다음이다. 이러한 이유로 어떤 회사에 대해 투자를 고려할 때 가장 먼저 판단해야 할 것은 그 회사의 시가총액이다. 애널리스트들의 리포트를 보면 해당 종목의 가격이 경쟁사에 비해 할인 또는 할증을 받아서 거래된다는 내용이 나온다. 그것이 바로 시가총액을 비교한 것에서 계산되는 것이다.

필자가 계산하는 시가총액은 의외로 단순하다. 이상한 식을 복잡하게 써서 어렵게 이야기할 필요도 없다. 여러분도 이 공식으로 종목의 시가총액을 계산하는 습관을 가져보길 권한다. 시가총액을 계산할 때 가장 중요한 것은 영업이익과 영업이익률이다.

가령 1년 영업이익이 300억 원이고, 영업이익률이 15%인 A회사가 있다. 필자가 시가총액을 계산하는 방식은 이렇다. 영업이익에 열 배의 밸류에이션을 곱하니 A의 시가총액은 3,000억 원이 나온다. A의 현재 시가총액이 3,000억 원 아래라면 주가는 상승 가능성이 있고, 반대로 3,000억 원보다 높으면 하락 가능성이 있다. 물론 여기에 향후 매출이 계속 증가하거나 시장이 계속 확대될 가능성이 높을 때는 열 배가 아니라 15배나 20배 등의 밸류에이션이 적용될 수 있다.

그때는 그 종목 혼자서 그렇게 높은 가치를 인정받는 것이 아니다. 반드시 동종업체들의 밸류에이션을 찾아볼 필요가 있다. 동종업체들도 비슷하게 할증받고 있다면 A회사도 향후에 그렇게 높은 밸류에이션을 받을 가능성이 높아지는 것이다. 이런 경우는 대부분 성장 업종에서 발생한다. 최근에는 시장 확대가 예상되는 2차전지 소재업체들이 이처럼 영업이익이나 영업이익률보다 높은 배수의 밸류에이션을 인정받고 있다.

이런 이유로 영업이익과 영업이익률은 기업가치 계산에 있어서 중요한 요소다. 영업이익률이 5% 이하라면 영업이익에 다섯 배를 곱하고, 5~10% 사이일 때는 5~7배를 곱한다. 반대로 영업이익률이 높을수록 더 높은 숫자를 곱한다. 통상 영업이익률이 20%를 넘으면 15배, 30%를 넘으면 1년 예상 영업이익 총액에 20배를 곱해서 시가총액을 구해보면 된다.

여기서 중요한 것은 분기별 영업이익이 상승하는 추세인지 하락하는 추세인지를 살펴보는 것이다. 2분기 연속으로 하락하는 추세라면 하락의 원인을 찾아내야 한다. 만일 하락 요인이 일시적이라면 신경을 쓰지 않아도 되지만, '구조적 요인'에 문제가 있다면 영업이익률이 높더라도 밸류에이션을 낮게 적용할지에 대해 고민이 필요하다. 반대로 2분기 연속으로 영업이익률이 상승하고 있다면 일단 좋은 신호로 해석해도 좋다. 여기에 한 가지 추가로 고려해야 할 사항이 있다. 지주회사에 투자할 경우에는 자체 매출액이 아닌 지분을 보유한 회사들의 영업실적에 영향을 받기 때문에 가치 계산에 있어서 할인을 받는다는 점을 고려해야 한다.

재무제표상 '부채수준'에 주목하라

다음으로 주목해야 할 지표는 기업의 재무제표에 있는 '부채수준'이다. 'KSS해운'의 2021년 영업이익은 581억 원, 영업이익률은 약 18%다. 그런데 현재 KSS해운의 시가총액은 2,700억 원이다. 필자의 계산법에 따르면 영업이익률이 15%가 넘었으므로 시가총액은 영업이익 580억 원에 열 배를 곱해서 5,800억 원이 되어야 한다. 상당히 저평가된 것을 알 수 있다. 그러나 중요한 점이 숨겨져 있다. 보이는 것보다 보이지 않는 것을 찾아낼 수 있어야 한다.

필자가 앞서 강조한 것을 상기해보자. 주가는 우리가 알고 있는 모든 정보를 가격에 반영하고 있다. 이미 모두가 높은 수준의 영업이익과 영업이익률을 알고 있음에도 KSS해운의 주가는 저평가 영역이다. 시장은 이것조차도 주가에 반영하고 있다. 투자자라면 그 이유를 찾아낼 수 있어야 한다. 그것도 사업보고서에 담겨 있다.

좀 더 자세한 설명을 위해 2022년 1분기 사업보고서에서 KSS해운의 부채상 차입금을 살펴보자. 장기차입금이 7,485억 원, 단기차입금이 3,140억 원이다. 2021년 전체 매출액 3,240억 원의 약 세 배가 넘는 차입금(장기+단기차입금 합계액)이다. 사업보고서를 보면 KSS해운은 차입금을 조달해서 배를 구매하여 매출을 올리는 레버리지가 큰 사업 구조를 갖고 있음을 알 수 있다. 투자자들은 당장의 영업이익과 영업이익률이 좋기는 하지만, 최근 금리 인상 상황에서 재무제표에 부담을 줄 가능성이 있다고 본 것이다.

이렇듯 모든 회사에 대해서 같은 방식의 시가총액 계산법을 적용하면 실수할 확률이 높다. 일단 현재 시가총액이 낮으면 낮은 이유를, 높으면 높은 이유를 찾아내서 미래를 예상할 수 있어야 한다. 그 해답을 찾기 위해 무에서 유를 찾아낼 필요 없다. 사업보고서에서 대부분의 답을 찾아낼 수 있기 때문이다.

'달러화 인덱스'의 추이는 점쟁이 예언보다 낫다

마지막으로 필자가 거의 매일 살피는 것이 있다. 그것은 '달러화 인덱스'다. 주식투자의 수익에서 가장 큰 영향을 미치는 것은 통화량이다. 통화량이 늘면서 주식시장을 비롯한 모든 자산의 가격은 상승하고, 반대로 통화량이나 통화증가율이 하락하면 자산 가격은 하락 압력을 받는다. 글로벌 통화량의 2/3 이상이 달러화 대출이다. 당연히 달러화의 양이 늘어나는지 혹은 줄어드는지 파악해야 하는데, 이는 달러화 인덱스의 흐름으로 어느 정도 추정할 수 있다.

달러화가 강세면 달러화가 귀해지고 있다는 것이고, 반대로 달러화가 약세면 수요보다 공급이 많다는 것으로 해석해도 틀리지 않는다. 그러므로 달러화 인덱스가 상승 추세일 때는 주식투자에 부정적인 변수로, 반대로 하락 추세일 때는 긍정적인 변수로 간주해도 된다. 달러화 대출이 늘어나면 통화량이 늘어나고, 반대로 달러화대출을 상환하면 그만큼 통화량이 감소하게 된다.

여기서부터 독자들은 헷갈리기 시작한다. 대출을 늘려 달러화가 시중에 나오게 되면 통화량이 늘어나는 것은 알겠는데, 왜 대출 상환이 통화량을 줄이는 것인지는 잘 납득되지 않을 것이다. 이 점을 이해하면 달러화 강세와 약세가 주식시장에 영향을 주는 이유를 알게 된다.

은행에서 대출을 한다는 것은 신용을 창조하는 것이다. 이때 신용을 창조하는 방법은 그야말로 '무에서 유'를 창조하는 것과 같다. 없는 것을 늘리는 마법의 연금술이다. 은행에서 대출을 해주는 것은 금고에 보관 중인 돈을 가져와서 빌려주는 것이 아니라 세상에 없는 돈을 새로 만드는 것이다. 은행은 한국은행과 지불준비금 관계를 갖고 있는 시중은행을 의미한다. 저축은행, 신용금고, 새마을금고와는 다르다. 저축은행과 새마을금고 등은 신용을 창조하지 않고 자신들이 확보한 자금을 가지고 대출을 한다. 반대로 대출 상환으로 유입된 돈은 그들 금고에 보관하는 것이 맞다.

하지만 은행은 다르다. 은행의 신용 창조는 장부에 디지털 코드로 숫자를 만드는 것에 불과하다. 이렇게 숫자를 기입하는 것이 통화량을 늘리는 것이니, 반대로 대출을 상환하게 되면 상환된 액수만큼 경제에서 돈이 사라지게 된다. 그것이 그 유명한 '부채 디플레이션'이다. 대공황을 일으켰던 가장 큰 실수도 부채를 상환하게 되면 돈이 사라지는 것을 몰랐던 데서 비롯됐다.

지난 2008년 금융위기에 당시 버냉키 Fed 의장은 이를 언급하면서 양적완화를 통해 돈을 무제한으로 풀어내 위기를 넘길 수 있었다. 2020년 팬데믹 상황도 마찬가지다. 은행들이 위험 회피를 위해 대출을 상환시키자 통화량이 줄었고, 통화량이 줄어들면서 경제위기가 오게 되었다. 그리고 이를 막기 위해 중앙은행이 나서서 경제에 돈을 주입했던 것이다.

이처럼 미국 은행들이 향후 경제 상황에 대비해 대출을 줄이기 시작하면 돈을 빌려간 사람들은 상환해야 한다. 주식도 팔고, 채권도 팔고, 금과 비트코인까지 팔면서 대출을 상환해야 하므로 대부분의 자산 가격은 하락한다. 반대로 대출 상환으로 줄어드는 달러는 그만큼 구하기 어려워지면서 달러화 가치는 강세를 보이게 된다.

달러화 강세가 되는 만큼 원화가치는 하락(원 달러 환율의 상승)하면서 한국 주식시장도 불리한 환경에 놓이게 된다. 미국 은행에서 대출받아 투자했던 대상은 상품과 원자재뿐만 아니라, 한국을 비롯한 전 세계 곳곳에 있는 자산시장 전체였다. 때문에 이는 피할 수 없는 현상이다. 2022년 상반기에 진행되고 있는 인플레이션발 주식시장의 변동성 마무리도 결국 달러화 인덱스가 하락으로 추세를 전환하는 시점일 가능성이 높다.

종목은 시장을 이길 수가 없다. 시장은 거대한 바다와 같다. 잔잔하게 일렁이던 파도가 언제 풍랑으로 변할지 알려면 점쟁이를 찾아가는 것보다 달러화 인덱스 추이를 관찰하는 것이 더 좋은 방법이다. 이런 이유로 필자는 달러화 인덱스의 추이에 주목하고 있다.

제5장

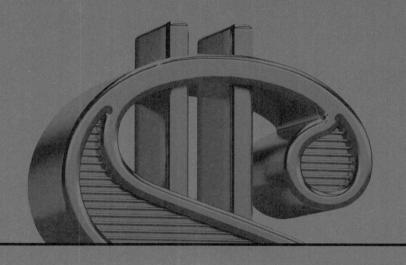

감정을 통제해야
수익을 얻는다

_절대 잃지 않는 투자 심리학

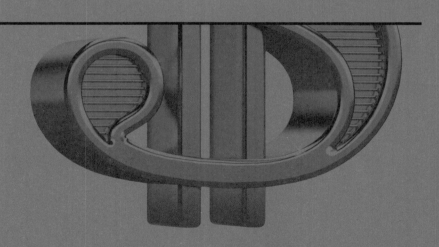

종목을 골랐다.

증권사 리포트와 사업보고서를 참조하면서

내 생각도 정리했다.

지금부터는 유명한 주식 전문가나 슈퍼개미의 조언대로

시세나 시황은 신경 쓰지 않고 무조건 길게 보면

이익을 얻게 될 테니

나는 일만 열심히 하면 되는 것일까?

아… 그런데 어렵다. 아니 불가능하다.

기대심리는
사람의 마음이
정한다

주식시장에서는 결국 매매를 통해서 수익을 얻는다. 매매는 나와 비슷한 사람들이 하게 된다. 군중심리에 휩싸여 지나고 나면 무조건 후회할 행동을 서슴지 않고 행하는 곳이 주식시장이다. 사람의 마음은 논리나 이성으로 설명되지 않는다. 인간은 일관된 원칙을 따르기보다는 기분의 좋고 나쁨과 멘탈의 강도에 따라 시시각각 다른 선택을 하는 감정의 동물이기 때문이다.

특히 선택은 감정에 민감하게 좌우된다. 자신의 선택과 그 이유에 대해 설명해주는 논리는 결정한 후 자신을 변호하기 위해서 하는 변명에 지나지 않는다. 그래서 주식시장의 수익은 내 감정과 마음을 어떻게 다스리느냐로 결정된다고 해도 과언이 아니다.

투자의 수익률에는 기대심리, 즉 멘탈의 강도도 포함된다

주식투자의 목적은 '수익실현'이다. 평가이익도 중요하지만 결국은 매매를 잘해서 돈을 버는 것이다. 올라가는 주식은 버틸 수 있어야 하고, 이유 없이 급락하는 주식은 이를 악물고 손절매를 칠 수 있어야 한다. 그래야 이익을 극대화할 수 있다. 그래서 필자는 투자수익을 이렇게 정리하곤 한다.

투자수익 = (현재 주가 + 미래가치) × 기대심리(멘탈)

투자수익을 내기 위해서는 현재 주가에 믿고 기다릴 수 있는 미래가치가 더해질 수 있는 종목을 매수해야 한다. 특정 종목의 가격이 상승한다고, 혹은 낮은 가격대에 매수했다고 무조건 수익을 실현하는 것은 아니다. 이런 이유 때문에 그 가격에 기대심리를 곱한 것이 투자수익이 된다고 말하는 것이다.

기대심리가 마이너스(두려움, 공포, 지겨움에 팔고 싶은 마음이 생기거나, 지수가 떨어지는데 투매에 나서고 싶은 군중심리에 휩쓸리면)라면 가격이 높아도 곱한 기대심리 값이 마이너스니 손실이 생길 수 있다. 반대로 기대심리를 갖고 자신을 잘 다독이면서 버텨내면, 그 크기만큼 이익은 증가

한다. 그래서 주식시장에서는 비슷한 시기에 같은 종목을 매수해도 모두가 동일한 수익이 나지 않는다.

　모두가 즐거울 것 같은 상승장에서 막상 내 계좌는 그렇지 못한 경우가 많다. 같은 종목을 샀지만 일찌감치 매도해 그 기쁨에 동참하지 못하니 느는 것은 술이요, 설상가상 홧김에 질러본 작전주에 다시 또 물리는 상황까지 처하게 된다. 안타깝지만 필자와 여러분 중 대다수가 이런 경험을 했을 것이다. 종목을 결정했다면 이제부터는 '기대심리'만 제대로 관리하면 된다. 모두가 행복한 순간을 맞이하게 될 것이다.

또다시 땅을 치며 후회하지 않으려면

　기대심리(멘탈)는 사람의 마음이 결정한다. 사람의 마음은 논리나 이성으로 설명할 수 없고, 통제한다는 것도 불가능에 가깝다. 아래의 차트

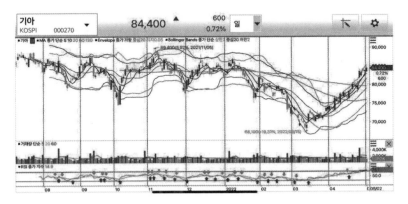

기아의 주가 추이(2021년 8월부터 2022년 5월까지).

는 완성차업체인 '기아'의 일간 주식 차트다.

기아의 주가는 2021년 11월 89,400원의 고가를 기록한 이후 2022년 3월 초반에는 68,100원의 저점을 기록했다. 그 이후 반등을 시작해 5월 2일 기준으로 주가는 84,400원에 와 있다. 기아는 기업의 펀더멘털이 계속 좋아지면서 성장하고 있었지만, 주가는 등락을 거듭해서 고점 대비 25%까지 하락했다가 반등 중인 상황이다. 회사의 경영 환경이 나빠져 주가가 하락한 것이 아니라, 러시아 전쟁이나 미국의 금리 인상 가능성 등으로 지수가 빠지자 투자자의 기대심리가 흔들려서 생긴 현상이다.

기아의 발전 가능성을 믿고 주식을 보유하고 있거나 많이 하락했다고 느껴 매수한 투자자들은 수익을 냈고, 반대로 멘탈이 흔들려 손절매했던 이들은 손실을 기록했을 것이다. 이렇게 주가는 회사의 성장 여부와 관계없이 사람의 마음에 따라 오르고 내린다.

최근 주식시장에서 핫한 주식 중 하나가 '심텍'이다. 필자는 2019년 겨울부터 지인의 소개로 심텍을 알게 됐고, 열심히 공부한 후 주당 평균 가격 1만 원에 1만 주를 매수했다. 그런데 잘나가던 주가는 2020년 2월 예상치 못한 유상증자를 공시하면서 하락하기 시작했다. 급기야 3월에는 팬데믹 사태까지 터지면서 −50%라는 처참한 상황을 경험하게 되었다. 당시 필자는 일본과 대만의 경쟁업체 상황을 파악하면서 턴어라운드를 확신해 유상증자에까지 참여했다.

어쨌든 투자 결과를 정리하자면, 2021년 추석 무렵 주당 평균 25,000원의 가격에 전량 매도했다. 그런데 현재(2022년 4월 22일) 심텍의 주가는 53,700원이다. 처음 투자를 결정했을 때 예상했던 대로 회사의 실적은 계속 좋아지고 있었다. 문제는 나의 멘탈이었다. 약해진 멘탈을 극복하지 못해서 현재의 주가보다 현저하게 낮은 가격에 매도를 해버린 것이다.

그래도 필자는 조금 나은 상황이다. 당시 함께 매수했던 사람들 중 많은 이들이 필자의 완곡한 설득에도 불구하고 유증권리까지 팔면서 매도했거나 본전이 오자마자 전부 팔았다. 그리고 난 후 지금까지도 땅을 치면서 후회하고 있다는 이야기를 듣는다.

그런데 왜 이런 일이 벌어지는 걸까? 어떻게 해야 같은 실수를 반복하지 않을까? 중요한 것은 실수에서 배우고 뼈저리게 깨달아야 한다는 점이다. 그래야 나중에 같은 상황이 오면 기대심리, 즉 멘탈을 유지할 수 있다. 그렇지 않으면 또다시 땅을 치며 후회하게 된다. 인간의 기억력은 우리가 믿고 있는 것보다 훨씬 형편없음을 잊지 말자.

자존감을 높이면
투자수익도
올라간다

인간의 욕구 중 가장 큰 것은 '인정 욕구'다. 가족과 지인에게 그리고 사회에서 인정받고 싶어서 우리는 더욱 치열하게 산다. 열심히 공부하고 치열하게 직장생활을 하는 것도 결국엔 좋은 학교, 높은 위치에 올라가 있는 자신을 상상하면서 누군가에게 인정을 받기 위함이다. 주식투자도 마찬가지다. 열심히 번 돈으로 위험을 무릅쓰고 투자에 뛰어드는 것도 결국은 돈을 많이 벌어 인정받고 싶은 심리 때문이다.

그런데 우리가 주식을 매수할 때는 주식 그 자체만을 사는 건 아니다. 주식을 산다는 것은 희망을 같이 매수하는 것이기도 하다. 좋은 차를 사고, 더 큰 집으로 이사를 하고, 해외여행을 가거나 결혼 자금을 모

으기 위해 주식을 하기도 한다. 이렇게 사랑하는 사람과 함께 더 나은 삶을 살고 싶다는 희망을 담아 주식투자를 하기 때문에 주가가 상승해도 불안하고, 내려가도 속상한 마음이 가시질 않는다. 이때 나의 멘탈을 잡아줄 수 있는 것은 자존감이다.

주식투자는 '선택'이 전부다

자존감이 낮으면 인정 욕구가 과도해진다. 그래서 실수를 했을 때 그것을 인정하지 못하고 자책하면서 비슷한 실수를 반복하는 경향이 있다. 투자의 세계에서도 승부욕이 커서 내가 산 종목에서 무조건 수익을 내려고 하거나, 손실을 확정하기 두려워 버티는 일이 많다. 그러다가 마음이 바뀌면 갑자기 전량을 매도하면서 상대적으로 좋아 보이는 종목으로 옮겨 다시 몰빵한다. 평가손도 힘들고, 실현 손실은 더욱 힘들다.

자존감이 지나치게 센 경우에는 자신이 선택한 종목의 주가가 하락하는 것을 '자신의 실패'로 생각하기도 한다. 주식시장에서 실패는 한 번의 실수로 결정되는 것이 아니다. 실수를 만회하려는 마음에 같은 실수를 더 크게 저질러서 결국 큰 실패를 한다.

반대로 자존감이 높은 사람은 어떤 종목을 사더라도 손실이 날 수 있음을 인정한다. 한번 실수를 했다 하더라도 다음에 더 좋은 종목으로 만회하면 된다고 생각한다. 이런 사람은 열등감이 적고 자존감이 높아서 스스로를 믿고 격려하면서 다음 기회를 기다릴 줄 안다. 때문에 주식을 매수할 때도 신중을 기하고 주가의 등락에도 영향을 덜 받는다.

주식투자는 종목을 선택해서 매수와 매도를 반복하는 행위다. 종목을 결정하기까지는 비교적 쉽다. 문제는 살 때와 팔 때다. 그것을 결정하는 '선택'이 주식투자의 전부라고 말할 수 있다. 인간의 모든 선택 행동은 감정에 의해 좌우된다. 여러분이 지금 읽고 있는 이 책도 '좋은 내용이 있을 것 같은 느낌'으로 선택한 것이지 책 전체 내용을 꼼꼼히 검토해서 구입한 것은 아니다.

투자 종목을 선택할 때도 마찬가지다. 아무리 많은 정보를 모아놓고 공부해도 최종 선택은 각자의 감정에 따르게 마련이다. 일상생활에서 선택 장애가 있는 사람은 자신의 감정을 잘 믿지 못하거나 선택이 두려운 사람이다. 자존감이 낮으면 선택을 제대로 하지 못하거나, 가끔은 욱하는 마음이 앞질러 엉뚱한 선택을 하기 쉽다.

투자 자존감을 높이려면 매매일지를 적어라

주식투자에서도 자존감이 높은 사람이 수익률도 높다. 이런 사람들은 손실을 보더라도 손실률이 낮을 수밖에 없다. 반면 자존감이 낮은 사람은 여유가 없어서 늘 조급하다. 그런데 조급하면 실수할 확률이 높다. 내가 사기만 하면 떨어지고, 팔기만 하면 오르는 것도 어쩌면 자존감의 고저高低 때문에 일어나는 현상인지도 모를 일이다.

스스로 생각해서 자존감이 낮다면 투자를 안 하거나 하더라도 금액을 줄여야 한다. 그래도 주식투자에 참여하기로 결정했다면 자신을 믿는 연습을 통해서 자존감을 기르는 게 중요하다. 이미 성인이 된 상황이니 과거로 돌아가서 부모와의 관계를 개선하는 것은 불가능하다. 그렇다면 자신이 살아온 삶의 궤적을 뒤돌아보고 스스로를 인정할 수 있어야 한다.

부모로부터 마음에 상처를 받으며 자라왔더라도 자신이 치열하게 노력하고 이룬 현재의 모습을 대견하자. 학창 시절 선생님에게 야단을 맞았다고 모두가 비행 청소년이 되는 것은 아니다. 열등감을 극복하고 누구보다 열심히 살아왔기에 오늘날 나로 살 수 있다. 스스로를 칭찬하고, 마음 아픈 상처를 홀로 다독이면서 바른 길로 들어선 여러분은 칭찬받을 자격이 충분하다. 물론 마음을 먹는다고 바로 자존감이 생길 수는 없지만 마음가짐을 바꾸고 꾸준히 연습하면 도움이 된다. 매일 매일 스스로를 칭찬하자. 자신은 엄격하게 대하고 타인은 관대하게 대하는 걸 연습하는 것만으로도 분명 자존감이 높아질 것이다.

투자를 할 때는 매매일지를 적어서 왜 이 종목을 매수했는지, 무엇이 잘못되어 실수했는지 복기하는 것도 중요하다. 상황은 늘 동일하지 않더라도 유사하게 반복되는 경향이 있다. 게다가 인간은 원래 쉽게 잊기 때문에 비슷한 상황이 와도 감정을 통제하지 못하고 추격매수와 매도를 반복하면서 체념한다. 무엇이 문제인지 스스로 깨닫지 못하면 이 과정은 주식시장을 떠날 때까지 계속된다. 그런 실수를 반복하지 않으면 자신감이 생기고 스스로를 칭찬하게 된다. 반면 실수가 계속되면 자책하면서 자존감이 낮은 과거로 돌아갈 확률이 높다.

실수를 줄이는 연습을 하면 결국 자존감은 점점 더 높아진다. 자존감이 높은 사람은 주식시장에서 수익을 내는 것은 운이며, 돈을 잃지 않거나 적게 잃는 것이 실력이라는 것을 알게 된다. 그때부터 수익률은 올라가고 투자가 즐거워진다.

관심종목 관리만 잘해도

돈을 잃지

않는다

도서관에 가는 아이가 있다. 그런데 아이가 도서관에서 온전히 공부에 집중할 수 있는지 여부는 스마트폰에 달려 있다. 공부할 만하면 카카오톡과 친구들의 SNS 피드 업데이트 알람이 울리니 집중할 수가 없다. SNS를 안 보려 참는 데도 에너지를 써야 해서 뇌가 쉽게 지친다. 그래서 도서관에서 열심히 공부할 생각이면 애초에 스마트폰은 집에 두고 가야 한다. '원천 봉쇄'를 해야 쓸데없는 데 에너지를 낭비하지 않고 온전히 공부에만 집중할 수 있다.

필자는 주식투자에서 관심종목의 숫자도 도서관에 갈 때 들고 가는 스마트폰과 같다고 말한다. 모바일 화면에 관심종목이 많을수록 투자수익률이 낮고 실수를 반복할 확률이 높다. 내가 산 종목과 사지 않은 종목이 비교되기 시작하면 거기서 멘탈 게임은 끝난다. 비교당하는 순간, 우리는 자책을 시작하고 후회의 늪에 빠진다.

내가 산 종목보다 관심종목의 수가 훨씬 많으면 주가를 확인할 때마다 '아, 저 종목을 샀어야 했는데' 하면서 자책한다. 그래서 욱하는 마음에 내가 산 종목을 판다. 그랬더니 이번에는 다른 종목이 더 많이 올라가는 게 아닌가. 그렇게 왔다 갔다 몇 번을 하고 나면 계좌는 거의 다 녹아버린다. 그래서 관심종목을 세팅할 때는 원칙이 필요하다.

관심종목을 세팅하는 3단계 전략

우선 첫 번째 주식 화면에는 내가 보유한 종목만 보이게 하자. 그러면 일단 비교의 기회가 원천봉쇄되는 효과가 있다. 그렇게 하지 않으면 도서관에 갈 때 스마트폰을 들고 가는 것과 같다. 눈에 보이는데 안 볼 수는 없고, 보는 순간 비교하게 되니 그때부터는 인내심도 점점 줄어들게 마련이다. 주식투자를 하면서 괜히 가족에게 화를 내거나 주변 사람에게 짜증을 낸다면 지수가 하락해서 그런 게 아니다. 내가 매수한 종목이 아닌 다른 종목의 주가가 올라가거나, 반대로 내 종목의 주가가 더 많이 떨어져서 그런 것이다.

두 번째 화면에는 내 종목이 속해 있는 동종 업종의 다른 종목을 정리해서 올려두자. 내가 산 종목이 떨어질 때 동종 업종의 종목도 같이 떨어지면 걱정할 필요 없다. 문제는 같은 업종에서 다른 종목은 오르거나 보합 수준을 유지하는데 내 종목만 많이 떨어질 때다. 그럴 때는 검색을 하든, 증권회사 직원에게 물어보든 상황을 파악해볼 필요가 있다. 이런 이유로 두 번째 화면에 동종 업종의 친구 종목들을 정리해둬야 하는 것이다.

세 번째 화면에는 지수 관련 대형주를 정리해두자. 지수 상황을 일목요연하게 볼 수 있으면 그만큼 시장 상황을 빨리 파악할 수 있다. 지수가 하락할 때는 모든 종목이 같이 하락한다. 가끔 지수의 하락과 무관하게 올라가는 기업이 있기는 하지만 일반적이지는 않다.

마지막으로 관심종목으로 올려두면 안 되는 종목이 있다. 살까 말까 고민하는 종목과 이미 매도한 종목, 그리고 매수할 현금이 없는 상황에서 누군가로부터 추천받은 종목들이다. 이런 종목들을 계속 들여다보고 있으면 여러 가지 이유로 자존감이 무너진다. 이미 매도한 종목이 계속 상승하면 허탈해지고, 이젠 나와 상관도 없는 종목을 두고 '제발 떨어져라' 외치면서 나쁜 마음을 갖게 된다. 하지만 남이 잘되길 빌어주는 사람이 언제든 더 잘될 확률이 높다. 깨끗하게 미련을 버리고 떠난 옛 연인의 행복을 빌어주는 마음을 가져야 한다.

또한 매수할 현금이 없는 상황에서 관심종목에 있는 주식이 올라가면 마음이 흔들리면서 실수할 확률이 높아진다. 지금 사귀고 있는 사람이 있다면 다른 사람에게 미련을 갖지 않아야 하듯 투자를 할 때도 내 종목에 집중해야 한다. 그래야 내가 산 종목도 수익을 안겨줄 것이다.

인간의
본능을 이기는
주식투자 방법

지금부터 한 가지 가정을 해보자. 극장에서 친구와 재미있는 영화 한 편을 보고 있는 중이다. 갑자기 요란한 화재경보가 울린다. 이때 당신은 어떤 선택을 할 것인가? 첫 번째, 곧바로 자리에서 일어나 밖으로 대피한다. 두 번째, 극장 안에 있는 다른 사람들의 행동을 살핀다.

대다수의 사람들은 두 번째 선택을 한다. 다수의 사람들이 동요하지 않고 움직이지 않으면 '누가 장난쳤겠지'라고 생각하면서 화재경보를 무시하고 계속 영화를 볼 확률이 높다. 대구지하철 화재 사건을 비롯한 수많은 재난 사건에서도 마찬가지였다. 생존자는 자신의 본능을 믿고 행동했던 사람들뿐이었다. 왜 이런 일이 일어나는 것일까? 인간은 사회적 동물이기 때문이다. 진화적으로 다른 사람들보다 튀는 행동을 하면 생존에 불리했다. 그래서 타인의 행동에 관심이 많고, 여러 명이 같은 행동을 하면 따라 하는 경우가 많다.

주가가 오르는 이유를 모르면 불안할 수밖에 없다

주식투자를 할 때도 이러한 본능은 자주 나타난다. 그런데 주식시장에서는 본능에 따라 행동할 때 성공할 수도, 반대로 실패할 수도 있다. 그렇다면 어떤 상황에서 인간의 본능이 나타나는지 살펴볼 필요가 있다. 그것만 알아도 실수를 줄일 수 있다. 이유를 모른 채 막연히 겁이 나는 것은 원시시대 인간처럼 본능대로 행동하기 때문이다.

고민 끝에 매수한 종목 A가 있다. 그런데 매일 조금씩 오르기 시작한다. 1주일 동안 10% 가까이 상승했다. 아무리 뉴스를 뒤져봐도 특별한 내용이 없는데 벌써 1주일째 오르고 있다니…. 오늘은 갑자기 2% 이상 오름세로 시작하면서 조금씩 상승폭을 넓혀가는 중이다. 그러다가 장 중반에 가서는 10% 가까이 상승하는 게 아닌가.

이때부터 고민이 시작된다. 주변 지인들도 수익이 났으니 팔라고 훈수를 둔다. 문제는 바로 나다. 점점 불안해진다. '이러다가 확 떨어지면 어떡하지?', '지금이라도 팔까? 벌써 20%나 수익이 났으니 만족해야 하는 게 아닐까?' 이런 갖가지 생각들로 머리가 터질 것만 같다. 어제까지는 마냥 좋았는데 왠지 오늘은 안절부절 똥 마려운 강아지가 되었다.

이런 일이 벌어지는 것은 주가가 오르는 이유를 모르기 때문이다. 게다가 인간은 높은 곳에 올라가면 불안해지는 고소공포증이 본성에 남아 있다. '혹시 모르니 일부라도 팔까?' 하는 마음을 먹고 나니 조금만 떨어져도 더 많이 떨어질 것 같은 두려움에 휩싸이고, 마음 한구석에서는 계속 팔라는 목소리가 들려온다.

물리적으로 높은 곳에 올라갔다가 추락하면 죽을 수 있지만, 주식이 올라간 후 떨어진다고 해서 죽지는 않는다. 그저 '내 마음이 콩닥콩닥하는구나'라고 생각하면서 마음을 다스리면 된다. 그래도 걱정되면 분할 매도로 대응하고 매수할 때 가졌던 희망을 지켜내는 방법도 있다. 물론 매수한 후에 며칠 동안 거의 오르지도 내리지도 않는 상황에서 아무런 이유도 없이 갑자기 장중에 급등한다면 눈 딱 감고 파는 것이 맞다. 개별종목에서 이런 현상이 자주 목격되곤 하는데, 이때는 세력이 자신의 물량을 털어내는 수법일 경우가 많다. 이럴 경우 그 종목은 상당 기간 오르지 않고 지리멸렬하게 움직일 가능성이 높다.

절대 '물타기'하면 안 되는 이유

필자는 앞서 주식시장에서는 전문가보다 '가격'을 믿으라고 조언했다. 무슨 이유인지는 모르지만 계속 주가가 오르거나 또 연일 내려간다면 이는 우리가 모르는 일이 벌어지고 있다는 뜻이다. 이때 너무 불안하다면 일부를 매도하고 나머지는 장대음봉이 발생할 때까지 보유하는 방법을 추천한다. 반대로 아무 이유도 없이 급락할 때는 인간의 본성을 믿어야 한다.

보유 중인 종목이 특별한 악재도 없이 갑자기 10% 가까이 급락한다면 일단 일부라도 매도하는 것이 좋다. 이런 상황에서 함께 매수한 사람이나, 나보다 잘 아는 사람 또는 이를 추천한 사람에게 의견을 물어보는 경우가 있는데 그들도 아는 게 없을 확률이 높다. 왜? 내부자가 아닌 이상 알 방법이 없으니까.

주가는 우리가 모르는 미래의 무엇인가에 따라 오르고 내린다는 것을 기억한다면 답은 이미 나와 있다. 내가 모르는 안 좋은 일이 벌어질 가능성을 의심하고 일단 포지션을 줄여야 한다. 다른 사람에게 의견을 물어보는 대신 일단 줄이자. 평가손이 나 있는 상황이라도 주저하면 안 된다.

그런데 도저히 못 팔겠다면 '물타기'만은 참아야 한다. 그런 주식을 더 사서 단가를 내리고 싶다면 왜 주가가 하락하는지를 납득시켜줄 악재가 나올 때까지 기다려야 한다. 그 악재가 일회성으로 끝날 수 있다면 분할 매수하고, 반대로 향후 매출이나 기업 성장에 영향을 줄 뉴스라면 매수 금지, 반드시 손절매를 고려해야 한다.

주식시장에서
살아남는 사람들의
공통점

자연에는 사계절이 있다. 봄, 여름, 가을, 겨울이 매번 반복되면서 순환한다. 경제에서도 매크로 Macro, 즉 거시경제는 마치 자연처럼 일정 기간을 두고 지속적으로 호황과 불황이 반복된다. 이런 매크로 변수를 인지하지 못하고, 지수가 빠질 때 살아남으려는 본능에 충실하면 무조건 후회하게 된다. 지수가 서서히 안정을 되찾아가는 중이고, 내 종목만 주가가 하락하는 상황이 아니라면 무조건 버텨야 살아남는다. 겨울이 되면 모든 식물들이 땅속에서 몸을 움츠린 채 버티는 것과 같은 이치다.

1997년 IMF 외환위기, 2008년 글로벌 금융위기 때도 그랬다. 2020년 코로나 팬데믹 상황에서도 팔지 않고 버텨낸 사람들은 손해를 보지 않았다. 오히려 주가 상승폭이 상당했기에 큰 수익을 거둔 사람이 많았다. 이런 이유로 시가총액 상위를 차지하고 있는 지수 관련 대형주를 모아둬야 한다.

거시경제의 패턴을 읽는 자가 살아남는다

주식시장의 100년간의 역사, 혹은 짧게는 지난 20년간의 흐름만 알아도 이런 변동성의 패턴은 부정할 수 없는 사실이다. 문제는 모두가 이런 현상을 알고 있음에도 누군가는 버티지 못하고 모든 주식을 일괄 매도한 채 주식시장을 떠나버린다는 점이다. 왜 이런 일이 벌어지는 걸까? 결국 그것도 인간의 본능 때문이다.

인간의 뇌가 몸에서 차지하는 비중은 2%가 되지 않지만, 우리가 사용하는 에너지의 20%를 사용한다. 몸무게의 1/50도 안 되는 기관이 에너지의 1/5을 사용하고 있을 만큼 뇌는 우리 마음과 행동을 지배하고 있다. 인간이 생존 확률을 높이는 법은 에너지를 절약하면서 버티는 것이다. 에너지를 비축해둬야 적을 만났을 때 그 에너지를 사용해 생존할 확률이 높다. 이런 이유로 인간은 에너지를 적게 사용하는 쪽으로 진화해왔다. 특히 에너지를 많이 사용하는 뇌는 되도록 에너지 사용을 줄이는 본능적인 행동을 선호한다.

뇌의 핵심 기능은 '학습'이다. 학습을 미리 해두어야 다음에 비슷한 상황에 처했을 때 에너지 사용을 줄일 수 있다. 학습은 일정한 패턴을 찾는 것이고, 패턴이란 우리 삶에서 벌어지는 일을 이해하는 공식과 같다. 주식투자자들이 주가 상승이나 하락 시에 왜 오르고 떨어지는지에 대해 궁금해하는 것도 이런 인간의 본능에 기반한다. 이유를 모르면 패턴을 찾을 수 없고, 패턴을 찾을 수 없으니 뇌는 계속 에너지를 사용해야 한다. 이런 뇌의 본능은 거시경제 변수로 인해 지수가 하락할 때마다 인내심을 사라지게 하는 최대의 적이다.

낙관적 성향의 투자자가 결국엔 살아남는다

매일 나락으로 떨어지는 주가를 참아내는 동안 언제까지 떨어질지 모르는 불확실성이 이어지고 인간의 에너지 사용은 계속된다. 이때 뇌는 '차라리 다 팔아버리자'라며 충동질을 하고, '두 번 다시는 주식을 하지 말자'라는 극단적인 선택에까지 이르도록 부추긴다. 이때 주변의 누군가가 "거 봐라, 내 그럴 줄 알았다."라고 한마디 하는 순간, 자신도 모르게 극단적인 선택을 하게 된다. 너무나도 자연스럽게 우리의 손은 매도 버튼을 누른다. 앞으로 상황이 어떻게 전개될지, 지금 이런 상황이 벌어진 이유가 뭔지 모르니 뇌는 패턴을 찾을 수 없다. 불확실성은 군중심리가 작용할 여지를 만든다. 그래서 주식시장은 악재보다 불확실성을 더 싫어한다.

충동적인 매도 후의 결과는 어떨까? 당장은 잘했다고 스스로를 칭찬하면서 위로하겠지만, 몇 달 후 지수가 오르면서 화도 함께 치밀어 오르기 시작할 것이다. 그때는 자신을 부추기며 엉뚱한 이야기를 했던 사람이나 처음에 주식을 추천했던 지인도 원망의 대상이 된다. 안타까운 일이다.

필자는 결과가 나온 이후에 "내 그럴 줄 알았어."라고 말하는 사람들을 경계한다. 그런 사람을 멀리하는 것만으로도 우리의 인생은 한 단계 발전할 수 있다. 긍정적이면서 낙관적인 사람을 가까이해야 주식투자에서도 수익이 난다. 그래서 필자는 주식투자를 '인간이 되어가는 과정'이라고 말하기도 한다.

결국
잃을 게 많은 사람이
먼저 물러선다

지금 고속도로를 달리고 있다고 생각해보자. 주말이라면 차량이 꽤 많을 것이다. 이런 상황에서도 무섭게 난폭 운전을 하는 차들이 있다. 이때 차량의 상태를 유심히 살펴보면 새 차보다는 오래된 차들이 더 자주, 더 위험하게 운전할 때가 많다. 잃을 게 별로 없기 때문이다. 반면 새 차나 고급 승용차의 운전자들은 상대적으로 덜 위험하게 운전한다.

주식시장에서 악재를 대할 때도 마찬가지다. 시장에 부정적인 영향을 미치는 악재에 대해서도 똑같이 대응할 필요는 없다. 특히 러시아의 푸틴, 북한의 김정은, 아랍의 테러리스트들이 세계 정치사에 위협을 가할 때는 드러난 현상 이면에 자리한 그들의 속내를 잘 읽어야 한다.

위협을 일삼는 자들의 목적도 생존이다

지난 2월 러시아는 우크라이나를 전격 침공했다. 2014년 우크라이나의 크림반도를 병합했던 러시아는 이번에는 크림반도로 이동하는 육로를 확보하고자 우크라이나를 침공한 것이다. 빠른 시일 내에 끝날 줄 알았던 전쟁은 예상보다 길게 이어졌다. 특히 미국을 비롯한 유럽의 대러시아 경제제재는 예상보다 강했고, 우크라이나의 저항도 만만치 않았다. 서방 국가들의 러시아 봉쇄 강도가 높아지자 러시아는 3월 4일 우크라이나 핵발전소를 공격하는 강수를 둔다.

거의 모든 신문들이 러시아발 핵전쟁 발발 가능성을 거론하는 기사를 내보내기 시작했다. 당연히 주식시장은 하락했다. 코스피는 3월 4일 당일에 1.2% 하락했고, 주말을 지나 3월 7일 월요일에는 2.29%나 급락했다. 많은 사람이 핵전쟁이 일어나면 주식보다는 금과 같은 안전자산의 비중을 늘려야 한다는 주장을 하기 시작했다. 그러나 필자의 생각은 달랐다. 주식시장이 조만간 상승할 수 있다고 내다봤다. 막연하게 '설마 그런 일이 일어나겠어?'라고 생각한 것이 아니라, 인간의 본성과 관련한 고민 끝에 내린 결론이었다.

프레시안 pressian.com 바로

러시아, 우크라 핵발전소 공격..제2의 체르노빌 우려

입력 2022. 03. 04. 11:00   수정 2022. 03. 04. 14:49   댓글 21개

만약 러시아가 핵전쟁을 일으키려는 의도가 있었다면 금이든 비트코인이든 그 어떤 안전자산도 의미가 없다. 그때는 차라리 산속에 토굴을 파는 게 우선이다. 인간에게 가장 중요한 것은 '생존'이다. 만일 핵무기를 사용한다면 푸틴 대통령인들 살아남을 수 있을까? 북한의 김정은 또한 마찬가지다. 틈만 나면 미사일을 발사해 미국과 한국을 협박하고, 그때마다 우리 증시는 하락 압력을 받는다.

이런 일이 발생하면 공포심이 먼저 들게 마련이고 대부분의 사람들은 일단 팔고 보자는 생각을 하게 된다. 그런데 꼭 생각해야 할 것이 있다. 이렇게 위협을 일삼는 자들은 반드시 대결 상대가 있다. 러시아가 생각하는 상대는 미국과 유럽연합_{European Union}(이하 EU)이었을 것이다.

만약 핵전쟁이 일어난다면 잃을 것이 많은 나라는 미국과 EU다. 이는 협박일 수 있지만 실제 러시아가 전하고 싶은 메시지는 '살고 싶으니 적당한 선은 유지하게 해달라'는 의미일 수도 있다. 잃을 것이 많은 미국과 유럽의 자본이 정치인들을 가만히 놔둘 리가 없다. 북한의 김정은 이 엉뚱한 행동을 하는 것도 결국은 미국에게 '자신들도 살게 해달라'는 일종의 선언인 셈이다. 실제 전쟁이 난다면 누가 많은 손해를 입을 것인지 먼저 생각해봐야 한다. 잃을 것이 많은 사람이 결국 양보하게 되어 있다.

이렇게 악하면서 약한 존재가 많이 등장하는 대표적인 곳이 한국증시다. 남과 북이 대치되어 있는 상황에서 북한은 툭하면 미사일을 쏘고 남한을 불바다로 만들겠다며 협박한다. 그러나 북한이 발언 강도를 높이거나 이상한 짓을 해서 지수가 하락할 때는 그냥 무시하는 것이 좋다.

그들도 살고 싶은 마음에 자신들의 존재감을 드러내려 과시적으로 그러는 것일 뿐 실제로 싸우자는 것은 아니다. 내면이 약한 사람들이 더 잘난 척하거나 발끈 화를 내는 것과 같은 현상으로 이해하면 된다.

이러한 북한의 도발이 걱정되어 증시가 흔들릴 때면 증시보다 먼저 원 달러 환율을 보는 것이 좋은 방법이다. 외환시장은 주식보다 레버리지가 크고 더 많은 투자자들이 모여 있는 곳이다. 그러므로 실제 위험의 강도를 증권시장보다 빠르고 정확하게 반영한다. 앞으로 북한 문제로 증시가 흔들릴 때는 매도 버튼을 누르기 전에 외환시장을 검색해보자.

수익률을 갉아먹는
최대의 적은
'눈'이다

여기 앞을 보지 못하는 시각장애인과 귀가 들리지 않는 청각장애인이 있다. 이 두 사람 중 누가 더 큰 위험에 노출될까? 단순하게 생각하면 앞을 못 보는 사람이 더 위험할 것 같지만 정답은 들리지 않는 사람이다. 그들이 삶에 더 큰 위험을 안고 살아간다. 눈은 앞만 볼 수 있다. 그러나 귀는 전후좌우 전체의 소리에 민감하게 대응할 수 있게 해준다.

투자에 있어서 '눈'은 수익을 올리는 데 방해꾼 역할을 할 때가 많다. 매일 시세창을 뚫어져라 보는 사람보다는 아예 안 보거나 못 보는 상황에서 투자하는 사람이 오히려 수익률이 높을 가능성이 크다. 이 때문에 주식 시세창을 하루 종일 볼 수 있는 전업투자자나 증권사 직원들의 수익률이 상대적으로 낮은 경우가 많다. 안 보면 모르고, 모르면 때로는 약이 되기도 한다. 주가를 계속 보고 있으면 등락에 민감해져서 기업의 가치보다는 흔들리는 가격에 마음이 같이 흔들려 초심까지 잃게 된다.

내 눈은 수익률의 '적'이다

주가는 수많은 사람들의 심리에 영향을 받으면서 오르기도 하고 내리기도 한다. 회사가 좋아지고 있을 때도 단기적으로 내릴 수 있고, 회사가 나빠지는데도 오를 수 있는 것이 주식 가격이다.

필자가 심텍을 25,000원대에 팔게 된 것도 가치보다는 움직이는 가격에 신경 썼기 때문이다. 사람의 눈은 보는 것을 믿기도 하지만, 믿는 것을 보게 되기도 한다. 팔려고 마음먹는 순간, 아주 작은 주가의 움직임조차 모두 주가를 더 떨어지게 만드는 요인으로 보인다.

원래 주식은 올라가면 내려오고, 그렇게 내려와야 더 높이 올라갈 수 있다. 상승장에서는 특히 그렇다. 가치를 믿고 매수했다면 주식 시세창을 멀리하고 열심히 일하는 것이 수익률을 올리는 좋은 방법이 될 수도 있다. 요즘처럼 매크로 변수가 심한 어려운 장에서 잘못된 결정을 피할 방법이기도 하다.

관심종목이 많을 때도 내 눈은 수익률의 적이 된다. 내가 산 종목은 조정이 잦고 내릴 때도 많은데 왜 내가 사지 않은 관심종목은 매번 오르는 것처럼 느껴질까? 비교를 하면 결과만 보이기 때문이다. 세상에서 가장 힘든 일은 내가 하는 일이고, 반대로 가장 쉬운 일은 남이 하는 일이다. 남이 하는 일은 오로지 결과만 보이기 때문에 쉬워 보이고 좋아 보인다. 착시 현상이다.

주식투자에서 관심종목도 마찬가지다. 내가 보유하지 않으니 조정할 때는 관심이 없고 오를 때만 눈길이 간다. 결국 이때도 눈이 문제다. 보이니 비교하게 되고, 비교하다 보니 내 마음은 더욱 힘이 든다. 비교는 인간관계만 힘들게 하는 게 아니다. 주식투자에서도 나를 고통스럽게 하고 잘못된 판단을 하게 한다.

관찰력이 좋아야
투자에서도
한 발 앞선다

.

현대 자본주의는 과학기술의 발전에 의해 더 큰 성장을 해왔다. 새로운 기술을 만드는 데 가장 기본이 되는 것은 '현상을 있는 그대로 관찰하는' 것이다. 왜 이런 현상이 일어났는지 그 원인을 알아내기 위해서는 현상을 있는 그대로 바라보는 것이 중요하다. 그래서 자연과학자에게 가장 기본이 되는 자세는 '관찰'이다.

주식시장에서 높은 수익률을 거두기 위해서도 세상과 현상을 있는 그대로 바라볼 수 있는 관찰 능력이 필요하다. 특히 주식시장이 특정 현상을 어떻게 평가하는지를 참과 거짓의 관점에서 바라보면, 자본이 원하는 것을 얻어낼 수가 없다. 오로지 자본의 관점, 증시 투자자의 관점에서 관찰해야 수익을 거둘 수 있는 것이 주식시장이다.

자본이 현상을 해석하는 관점이 중요하다

2020년 12월 19일 미국의 모더나 사는 미국 FDA로부터 백신 긴급 사용 허가를 얻었다고 발표했다. 당시 m-RNA 백신의 효과와 부작용을 비롯한 유효성 논란은 계속되는 중이었다. 백신을 맞은 후에 돌파 감염이 나오면서 코로나는 쉽게 사그라들지 않을 것이라는 이야기도 많았다. 하지만 주식시장의 반응은 달랐다. 변이종이 나왔을 때 잠깐 충격을 받았을 뿐 백신의 사용 승인이 나온 이후에는 엔드 코로나가 머지않은 것으로 해석했다.

모더나 사의 주가흐름이 그것을 확인해주었다. 당시 투자자들 중 일부는 백신 진위 논쟁에 빠져 있었다. 그들은 모더나 백신을 맞아봐야 소용이 없다는 게 밝혀져 결국 증시가 다시 폭락할 테니 그때를 대비해 인버스에 투자해야 한다고 주장하기도 했다. 하지만 시장은 달리 반응했다. 주식시장에서 가장 중요한 것은 맞고 틀리고가 아니다. 투자에 참여한 자본이 그것을 어떻게 해석하고 받아들이느냐가 중요하다.

다른 예를 살펴보자. 2020년 배터리업체인 'SK이노베이션'과 'LG화학'은 특허권 침해 소송전이 한창이었다. 당시 미국 국제무역위원회(ITC)에서 특허소송에 대해 LG화학의 손을 들어준다면, 최악의 경우 SK이노베이션은 미국시장에서 철수할 수밖에 없는 상황이었다. 당시 국무

총리를 비롯한 정치권이 나서서 양사의 합의를 종용했지만 두 회사는 합의 없이 최종 판결을 요구하고 나섰다.

팬데믹 이후 전기차에 대한 관심이 높아졌고, 이에 배터리업체들의 주가도 고공행진하고 있었다. 하지만 1차 소송에서 패했던 SK이노베이션만은 예외였다. 소송에서 질 경우 미국시장에서 퇴출될 수 있어 투자자들에게 외면을 받고 있던 상황이었다.

1차 소송에서 진 SK이노베이션의 투자를 권한 이유

당시 필자는 SK이노베이션을 강력 추천했다. 이에 많은 사람이 LG화학이 이길 가능성이 크고 그럴 경우 SK이노베이션은 큰 위기에 직면할 거라고 반론을 펼쳤다. 하지만 필자는 추천 의사를 거두지 않았다. 두 가지 이유 때문이었다. 첫째는 미국 입장에서 생각해야 한다는 점이었다. 둘째는 사람이 하는 일이니 결국에는 합의를 할 것이라 믿었다.

특히 미국 정치인 입장에서 생각해야 한다고 강조했다. LG화학과 SK이노베이션은 둘 다 한국 회사다. 만약 두 회사 중 어느 한쪽의 손을 들어주면 패배한 쪽은 미국 투자를 할 수가 없다. 그렇다면 가장 큰 손해는 미국인들이 보게 된다. 이미 공장을 건설하고 있는 조지아주는 일자리가 사라지게 되니 미국의 입장에서는 한쪽의 손을 들어주는 대신 합의를 종용할 가능성이 높다고 봤다.

또한 당시 SK이노베이션이 투자를 진행 중이던 조지아주는 상원의 원 결선투표가 예정되어 있었다. 민주당이 조지아주 결선투표에서 승리한다면 민주당은 상원의회에서 과반의석을 확보하게 되어 있었다. 만약 LG화학이 최종 승자로 결정된다면 조지아주에 세워질 이노베이션 공장 건설은 중단되고, 기대하고 있던 일자리도 사라지게 될 것이 분명했다.

결과는 역시나 필자의 예측대로였다. 마감 시한 직전에 두 회사는 극적으로 합의했다. 당연히 SK이노베이션의 주가는 급등했다. 대통령이 나서서 영향력을 행사할 가능성이 높았던 상황을 세심하게 관찰하고 있었기에, 나는 SK이노베이션에서 큰 수익을 얻을 수 있었다.

이렇게 상황을 있는 그대로 관찰하고 추정하는 능력은 투자수익을 높이는 데 중요한 요소가 된다. 필자가 앞에서 강조했던 수많은 점들을 있는 그대로 바라보고 상상력을 동원해 선으로 잇는 작업을 떠올려보자. 그 선을 잇기 위해서는 자연 과학자처럼 현상을 그대로 관찰하는 것이 우선시되어야 한다.

좌파도 우파도 아닌
'친수익파'가
되어라

필자가 운영 중인 유튜브 방송에는 댓글을 쓸 수가 없다. 댓글로 스트레스를 받다가 아예 막아버렸기 때문이다. 특히 정치 성향에 대한 댓글들은 참기 힘들 정도였다. 2년 전 미국의 대선 결과에 대해 트럼프 전 대통령이 대선 불복 의사를 밝혔을 때다. 당시에 필자는 '미국 자본은 바이든 대통령 당선을 기정사실화한 것 같다'고 해석했는데, 그야말로 댓글 창이 난리가 났다. 트럼프를 지지하는 구독자들의 기분이 상했던 것이다.

이럴 때 참 답답하다. 투자자라면 자신의 정치적 성향을 따지기보다는 특정 정치인의 당선이 자본흐름에 어떤 영향을 미칠지에 대해 연구하는 것이 중요하다. 자신의 정치 성향을 주장하고 싶다면 선거운동을 하거나 투표장에서 하면 된다. 투표 직전에는 자연과학자의 자세로 공약을 점검하고, 결과가 나오면 당선인의 정책을 연구하면서 대응하는 게 급선무다. 그래야 수익을 늘리는 '친수익파'가 될 수 있다.

정치 성향보다 중요한 것은 투자의 '유연성'이다

투자자라면 항상 돈이 어디로 흘러가는지에 촉각을 곤두세워야 한다. 유망한 분야에 돈이 모이고, 돈이 많이 모여 있는 곳에서 수익을 얻을 수 있기 때문이다. 국가에는 예산이 있다. 그 예산을 어느 산업, 어느 방향으로 집중하느냐에 따라 잘나가는 산업과 기업으로 분류되곤 한다. 돈의 양은 중앙은행이 결정하지만 돈의 방향은 정치인이 결정한다. 당연히 정치집단의 성향이나 정책에 관심을 두고 투자를 고민할 필요가 있다.

문재인 전 대통령은 탈원전과 재생에너지 확대를 통한 에너지정책을 펼쳤다. 당연히 재생에너지 분야 기업들의 주가 상승이 컸다. 바이든 미 대통령은 집권하자마자 기후변화협약 재가입 및 전기차 산업에 대한 지원을 내세웠다. 윤석열 대통령은 원자력발전 재가동을 기치로 내세웠다. 이처럼 정치인마다 자신의 정치 및 경제철학이 있으니 이에 관심을 갖는 것은 당연한 일이다. 그래서 정치에 관심이 많은 사람일수록 투자 수익률이 높을 수밖에 없다. 다만 투자자들에게 정치 성향보다 중요한 것은 '친수익파'가 되는 것임을 잊어서는 안 된다.

　진보적인 정치관을 갖고 있는 투자자들 중에는 '부동산 가격이 오르면 안 된다'는 당위성을 갖고 있는 경우가 많다. 본인의 철학이니 왈가왈부할 일은 아니다. 다만 그 당위성 때문에 부동산을 투자 대상에서 제외한다면 그것은 리스크가 크다. 자본은 오로지 수익을 탐할 뿐이다. 투자자라면 자본의 이러한 속성을 염두에 두고 있어야 한다. 안전 때문에 원자력을 반대하는 사람이 관련 기업에 투자를 하지 않거나, 애국적인 마인드가 부족하다고 생각하는 기업의 주식을 매수하지 않는 것을 이야기하는 것이 아니다. 그런 것은 가치관의 문제니 존중해야 한다.

　다만 필자가 주장하는 것은 '당위성'의 문제다. 부동산 가격은 안정되어야 한다는 당위성, 특정 정치세력을 반대했으니 그 사람이 대통령으로 임기를 채우는 시기에는 투자를 하지 않을 것이라는 마인드에 대해 재고하자는 의미다. 투자시장에서 세상 모든 것은 연결되어 있다. 그러므로 모든 현상을 있는 그대로 받아들일 수 있는 유연함이 투자자에게는 꼭 필요한 자세다.

언론사의 정치 성향까지 염두에 두고 뉴스를 읽어라

　2021년 상반기, 필자는 유튜브 멤버십에서 'SK바이오사이언스'를 강력하게 추천했다. 추천 당시 가격은 14만 원에서 횡보 중이었다. SK바이오사이언스는 미국의 노바백스 Novavax 와 코로나 백신 위탁생산 계약을 맺었을 뿐 아니라 자체 백신도 개발 중이었다. 그때 일부 투자자들이 코로나 백신은 m-RNA 계열의 모더나와 화이자 백신이 최고이고, 다른 종류의 백신은 투자할 가치가 없다는 식으로 주장하면서 필자를 비난하고 나섰다.

결과는 어땠을까? 백신 제품에 대해 제대로 알지 못한 이들은 SK바이오사이언스가 이후 30만 원까지 상승하는 걸 넋 놓고 바라볼 수밖에 없었다. 주식투자에 있어서 가장 중요한 것은 상상력이다. 상상력은 팩트를 제대로 알고 있을 때 정확한 기능을 한다. 틀린 팩트를 기반으로 상상하는 것은 출발 자체가 잘못된 것임을 알아야 한다.

정보가 많아도 너무 많은 현대 사회에서는 왜곡된 팩트나 가짜뉴스를 사실로 알고 있는 경우가 많다. 문제는 한국의 일부 언론이 가짜뉴스까지는 아니더라도 팩트를 왜곡하는 경우가 많다는 데 있다. 해당 언론사의 정치 성향을 기반으로 잘못된 팩트를 마치 진짜인양 보도하는데, 이를 기반으로 투자에 나설 경우 필연적으로 손실을 입을 수밖에 없다.

당시 백신에 대한 일부 언론의 잘못된 보도로 인해 투자자들은 SK바이오사이언스를 투자 대상에서 제외시켰다. m-RNA 백신만이 유일하게 효과가 검증된 백신이라는 뉘앙스의 언론 보도가 만들어낸 안타까운 일이다.

물론 언론도 수익을 내야 하는 기업이고, 지지하는 정치인을 위한 정치 행위를 하는 것도 언론 자유의 일부다. 민주주의와 자본주의가 가장 앞서 있다고 알려진 미국에서도 언론사의 정치인 지지는 일반적이다. 중요한 것은 보도한 사실이 '팩트'가 아닐 수도 있다는 점을 염두에 두어야 한다는 것이다. 특히나 보도 내용이 특정 정치집단에게 영향을 줄 수 있다면 더욱 신경을 써야 한다. 결국 투자자들이 스스로 진실을 파악하는 노력을 할 수밖에 없는 세상이다.

참혹한 시장일수록
눈을 크게 뜨고
바라봐라

과학기술의 눈부신 발전은 인간의 삶에 놀라운 변화를 만들어내고 있다. 다만 이러한 발전에도 불구하고 인간의 본성만은 여전히 그대로다. 인간의 본성 중 가장 대표적인 것은 '망각'이다.

이는 투자시장에서도 그대로 나타난다. 과거 열 번의 투자 성공도 지금 단 한 번의 실패로 인해 그 기억이 상쇄되기도 한다. 여름은 매년 반복되지만 올해 여름이 가장 덥게 느껴지는 것처럼, 인간은 언제나 과거나 미래보다 현재를 중요하게 생각한다.

평가손은 패배가 아닌 승리를 잠시 미룬 것

지난 팬데믹 시기에 필자는 약 5억 원의 주식투자 포지션을 가지고 있었다. 2020년 3월 말 당시 평가손은 -55%에 달했다. 그 이후로 수개월 동안 잔고를 조회하지 못했던 기억이 있다. 어차피 팔 주식도 아니라는 이유로 잔고 조회조차 안 했는데, 진짜 속내는 확인하는 것이 두려웠기 때문이다.

2022년 상반기 증시 상황도 엉망이다. 필자 역시 이런 시장의 파도는 피해갈 수 없었다. 4월 말 당시 계좌를 조회해보니 평가손은 -25%에 달했다. 평가손실 비율만 보면 팬데믹 당시보다 괜찮았지만 그것이 위로가 되지는 않았다. 그때의 기억은 이미 사라진 지 오래다. 과거에 실패를 이겨냈던 기억보다는 당장의 현실을 나의 뇌는 더 힘들어한다. 불확실성이 언제까지 계속될지 모른다며 나를 흔들기 시작한다. 빨리 다 팔고 고통에서 벗어나라고, 지금 다 팔아도 손해는 아니라며 꼬드긴다. 하지만 이 유혹을 넘어서야 한다. 가장 좋은 방법은 외면하는 것이다. 의도적으로 잔고를 거들떠보지 않아야 한다.

지난 수십 년간 주가의 움직임을 보면 하락 기간은 짧았고 그 시간이 지나면 결국 상승해서 우상향했다. 망할 회사가 아니라면 버티고 인내하는 사람이 최종 승자였다는 사실을 잊어서는 안 된다. 주가 하락이 길어질 것 같고, 점점 더 손실이 커지고 있을 때는 시장을 떠나서 현실에 집중해야 한다. 잔고 확인을 하는 대신 본업에 집중하고, 지금까지 미루어두었던 일을 하는 것도 좋다. 스마트폰에서 어플을 삭제하면 더 좋다.

잠시 주가를 잊고 있으면 마음이 편해지면서 버틸 힘도 생긴다. 평가손은 패배가 아니다. 주식투자에서 패배자는 시장 하락 사이클에서 자신과 지수 회복을 믿지 못한 채 팔고 떠난 사람들이다. 특별한 경우를 제외하고는 버티면 결국은 다 손실을 만회한다는 것은 역사가 증명해준 진실이다. 평가손은 패배한 것이 아니라 승리를 잠시 미룬 것일 뿐이다. 이런 시기에는 자신의 본업에 더 충실하면서 참아내는 것도 좋은 방법이다.

비가 내린다고 모든 웅덩이가 바로 채워지지는 않는다

기다리면 결국 지수는 올라간다. 그래서 사람들을 진짜 가슴 아프게 하는 시기는 떨어질 때가 아니라 오히려 지수가 회복되는 시점이다. 지수가 하락할 때는 거의 모든 주식이 떨어지므로 지수 회복을 기대하면서 버틸 수 있다. 문제는 지수가 바닥을 찍고 상승하는 시점에 발생한다.

지수가 회복될 때는 모든 주식이 한꺼번에 올라가는 것이 아니라 종목과 업종에 따라 시차를 두고 회복한다. 모두 다 같이 떨어질 때는 버틸 수 있다. 반면 다른 종목은 올라가는데 내가 보유한 종목만 올라가지 않을 때는 고통이 두 배가 된다. 인간의 인정 욕구가 여기서 다시 한번 나를 실험하게 되는 것이다.

이때는 가뭄으로 저수지의 바닥이 완전히 드러났을 때를 생각할 수 있어야 한다. 비가 오기 시작한다고 저수지 전체의 수위가 한꺼번에 회복되지는 않는다. 먼저 저수지의 가장 낮은 곳부터 물이 차기 시작한다. 충분히 비가 온 후에 바닥에 완전히 물이 차게 되면 이제부터 본격적으로 저수지의 수위는 올라가게 된다.

주식시장도 마찬가지다. 지수가 오른다고 모든 주식이 오르는 것이 아니라 매수세가 몰리는 업종부터 차례대로 상승한다. 그런 업종이 먼저 채워지고 나면 이제 다른 곳으로 매수세가 이어지고, 그렇게 시차를 둔 이후에 시장이 함께 반응한다. 깊은 웅덩이가 먼저 채워지고 난 후에 내 웅덩이도 반드시 채워질 것이라고 믿어야 한다. 그때 흔들리면 지금까지 참아왔던 모든 것은 허사가 된다. 반대로 그것만 참아내면 우리가 그토록 원했던 계좌의 플러스 잔고를 목격하게 될 것이다.

인플레이션 상황은 영원히 지속되지 않는다. Fed가 금리를 올리고, 달러화의 대출 상환 수요가 어느 정도 충족되면 주식시장도 다시 안정을 찾아갈 수밖에 없다. 그것을 믿고 기다리자. 가장 아픈 시점은 이제 마지막으로 향해 가고 있다.

제6장

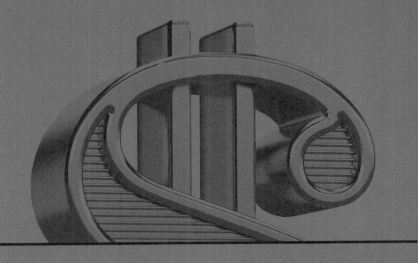

절호의
매수·매도 타이밍을 잡아라

_실전 매매의 원칙

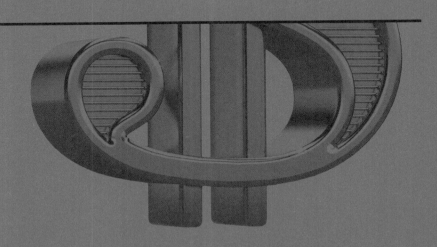

현재 가치와 성장 가능성까지 담보된

좋은 종목을 골라서 매수했다.

그런데 언제쯤 매도해야 후회가 없을까?

투자 고수들마저 '매수·매도 타이밍은 하느님도 모른다'라며

고개를 젓지만 그래도 최적의 방법은 있을 것이다.

도대체 절호의 매수·매도 시점을 잡는 비결을 무엇일까?

큰손들이
매매 타이밍을
서로 조언하지 않는 이유

자본주의 경제에서 피할 수 없는 것은 돈의 매력이다. 우리는 부자가 되기 위해 끊임없이 노력하며 치열한 삶을 살아가고 있다. 부자가 되는 가장 좋은 방법은 자신의 직업에서 성공하는 것이다. 직장인으로 살든, 사업을 하든 자신이 일하고 있는 분야에서 우뚝 서는 것이 우선이다.

그런데 직업적으로 성공하기 위해서는 충분한 시간이 필요하다. 부단히 노력하며 인고의 세월을 견뎌야 한다. 무슨 일이든 시작하자마자 성공한 사람은 드물고, 설사 그런 경우가 있다 해도 오래도록 인정받는 것은 더욱 드문 일이다.

일로 잎을 틔우고 투자로 꽃을 피우자

이른 봄에 피는 꽃들도 마찬가지다. 개나리, 진달래, 벚꽃은 잎도 피우기 전에 꽃부터 피운다. 봄의 시작을 알리기 위해 가장 먼저 세상에 나와 사람들의 예쁨을 독차지한다. 그 시기 철쭉은 부러움을 뒤로 하고 차분하게 잎부터 틔우며 꽃을 준비한다. 개나리, 진달래, 벚꽃은 철쭉을 보면서 기분을 뽐내고 자랑하고 싶을 것이다. 그러나 이런 꽃들은 채 1주일도 버티지 못하고 사라진다. 반면 철쭉은 적어도 2주일 이상 꽃을 피운다. 늦었다고 속상해할 필요가 없다.

우리 인생도 봄꽃들과 다르지 않다. 직업적인 성공을 위해 필요한 것은 시간이고, 그 시간 동안 우리는 돈을 모아야 한다. 그렇게 모은 돈을 기반으로, 철쭉처럼 잎을 먼저 틔울 준비를 한 사람들이 해야 하는 것이 '투자'다. 저금리 시대에 저축만 고집하면 필요한 시간은 계속 길어진다. 열심히 저축해도 물가가 매번 더 빨리 올라가는 현대 자본주의 사회에서 투자는 반드시 해야 할 중요한 '일'이다. 사람들이 부동산, 주식, 심지어 비트코인 같은 암호화폐에 몰리는 이유다.

열심히 일해서 번 돈을 모아 투자시장에 들어왔다면 이제는 매매를 해야 한다. '매매'賣買는 사고買受 판다賣渡는 의미다. 돈을 들고 주식시장에 들어온 이상 무슨 종목이든 선택해서 사고파는 행위를 반복해야 한다. 좋은 종목을 발견해서 매수했다면 제대로 매도해야 투자 목적을 이룰 수 있다.

큰손들에게 절대 해서는 안 되는 질문

필자는 매일 주식시장의 동향에 관심을 두고 기관을 비롯한 큰손 투자자들과 주기적으로 만나면서 시장 동향을 살핀다. 비교적 큰돈을 투자하고 있기도 하거니와 유튜브 독자 및 멤버십 회원들의 수익 확대에 필요한 정보를 얻기 위해서다. 그런데 이들과 대화하면서 절대 해서는 안 되는, 불문율 같은 이야기가 있다. 그것은 매매에 대한 조언이다.

얼마에 사야 하는지, 언제 매도해야 하는지에 대해서는 궁금해서도 물어서도 안 된다. 주식시장에 있는 사람들은 공통적으로 이렇게 말한다. "매수·매도는 하느님도 모르니 정답을 말할 수 있는 사람이 없다." 수많은 사람이 보이지 않는 곳에서 자신의 감정에 따라 사고파는 것을 어찌 맞힐 수가 있다는 말인가?

문제는 개인투자자들은 소위 전문가라고 불리는 사람들이 매수·매도를 잘할 것이라 오해를 한다는 점이다. 분명하게 말하지만 매수와 매도 시점은 독자 여러분이 더 나을 수 있다. 상승미소 유튜브 독자들이 필자를 놀리는 말이 있다. "언제 파시죠?"라고 묻는 것이다. 내가 팔고 나면 매번 주가가 더 많이 올라가기 때문에 하는 말이다. 열심히 공부하고, 비교적 큰돈을 운용하지만 나 또한 매수·매도는 어렵다. 누군가에게 조언할 수 있는 자신도 없다. 사람의 감정을 논리와 이론으로 설명할 수 없으니 매매 시점은 정해주는 것은 어불성설語不成說이다. 그래서 투자 고수일수록 분할매수와 분할매도의 중요성을 강조한다. 이에 대해서는 뒷 부분에서 보다 구체적으로 다룰 예정이다.

당신은
투자자인가
트레이더인가

주식투자에 참여하는 사람들은 크게 투자자 Investor 와 트레이더Trader로 분류할 수 있다. 굳이 이렇게 구분하는 이유는 둘 다 나름의 장점이 있어 어느 한 타입만 고집할 경우 변동성이 큰 투자시장에서 버티기 어렵기 때문이다.

특히 투자 경력이 쌓이다 보면 자신의 투자 성향에 대해 고민해볼 필요가 있다. 내가 어떤 성향의 투자자인지도 모른 채 주식투자를 하고 있다면 이번 기회에 생각해보자. 투자자인지 트레이더인지에 따라 투자 공부법과 목표 수익률도 달라지기 때문이다. 그리고 오늘날과 같은 변동성 장세에서는 두 가지 투자 방식을 모두 겸비해야 하기 때문에 그 차이를 명확하게 이해할 필요가 있다.

투자자는 매매 횟수를 줄이고 기다릴 줄 안다

투자자는 비교적 장기투자자로, 회사의 가치와 시장의 가격 즉 주가의 갭을 볼 줄 알아야 한다. '장기'라고는 하지만 무작정 투자기간을 길게 잡지만은 않는다. 약 1년~3년 정도의 기간 동안 매수한 기업의 성장성을 믿고 예상하는 실적이 나올 때까지 기다리는 투자를 한다. 하루 종일 시세창을 들여다볼 수 없는 개인투자자들에게 적합한 투자 방법이다. 어떤 산업이든 또 어떤 기업이든 사기성이 아니라면 몇 달 안에 좋아지고 나빠질 수는 없다. 어떤 제품을 출시하고 새로운 사업을 추진해서 성과를 내기 위해서는 적어도 2~3년 이상의 시간이 필요하다.

여러 번 언급했듯이 주가는 우리가 알고 있는 모든 것을 가격에 반영한다. A기업이 유망한 사업 분야에 진출한다는 뉴스가 나오면 일차적으로 가격에 반영된다. 그리고 해당 기업이 일정 시간이 지난 후에 진출한 사업에서 구체적인 성과가 나오면, 다시 한번 가격에 반영하며 주가는 상승하기 시작한다. 투자자는 기업의 저력을 믿고 기대하면서 시간에 투자하는 사람이다. 이들은 매매 횟수를 최대한 줄이고 기다리는 방식으로 투자한다. 비교적 큰 수익은 이러한 투자 방식에서 나온다.

트레이더는 수요와 공급을 예측할 줄 안다

트레이드는 선물 옵션 또는 레버리지를 크게 일으켜 주식시장에 참가하는 전업투자자들에게 적합한 방식이다. 단기적으로 개별종목의 재료를 찾아내고 차트를 기술적으로 분석하는 등 자신만의 노하우로 매수·매도의 시점을 정확하게 예측하고 실행하는 과감한 성향의 투자자다. 투자를 한다기보다는 '게임을 한다'라고 말하는 게 더 어울리는 표현이다.

이런 투자 방식을 추구하려면 동물적인 감각을 소유하고 있어야 한다. 트레이더는 장단기 차트를 분석하고 사람들의 심리 변화 등을 통해 수요와 공급을 예측하는 능력도 겸비해야 한다. 그래서 일반 투자자들에게는 권하지 않는 방식이다.

그럼에도 필자가 굳이 소개하는 이유는 요즘처럼 변동성이 높은 장세에서는 필요한 투자 기법이기 때문이다. 거시경제 변수의 불확실성이 심할 때, 투자자들은 적은 수익이라도 이익을 실현하려고 한다. 그러므로 단기매매도 할 수 있어야 한다.

증시의 주변 여건을 고려하여 선택하는 게 좋다. 상승장 Bull Market에서는 투자자의 방식에 더 큰 비중을 두고, 추세가 형성이 되지 않은 변동성이 큰 시장이거나 하락장 Bear Market에서는 트레이더 방식의 매매 비중을 높이는 것이 좋다.

독자 여러분은 투자자와 트레이더 중 어느 쪽에 더 가까운가. 만약 트레이더 성향이라면 감히 말하고자 한다. 큰 수익은 투자자들의 기법에서 나오는 반면, 큰 손실은 트레이더의 기법에서 나온다. 자신의 투자 성향과 장단점을 제대로 파악하지 않고 무작정 트레이더의 방식을 쓰고 있다면 이번 기회에 투자자의 방식으로 전환해 안정적인 투자를 하는 게 어떨지 제안해본다.

남들이
사고 싶어할 때 팔고,
팔고 싶어할 때 사라

주식투자를 잘하는 사람들은 대개 공감력이 높다. 투자는 숫자 놀음인데 왜 갑자기 인문학 이야기를 하는지 의아스러울 수도 있으리라. 하지만 투자도 결국 사람이 하는 일임을 안다면 수긍할 것이다. 인간은 어떤 행동을 할 때 되도록 타인에게 피해를 줄 일이나 상대방이 기분 나빠할 일은 피한다. 대신 상대방도 좋아할 일이나 이야기를 찾는다. 그런데 공감력이 부족한 사람은 이게 어려울 수 있다. 그래서 사회생활을 잘하려면 공감 능력이 필수다.

주식 종목을 선정할 때 내가 좋아하는 것이 아닌 대중이 좋아할 만한 주식을 골라야 한다는 것도 이와 같은 이치다. 주식을 매매할 때도 이러한 공감력을 활용해보자. 남들이 사고 싶어할 때 팔고, 반대로 팔고 싶어할 때 사는 것이 바로 공감력을 활용한 매매 방법이다. 여기서 중요한 것은 사람들이 '언제' 사거나 팔고 싶어하는지를 정확하게 이해하는 것이다.

거래는 적당한 가격 상승이 있을 때 더 활발하다

"가격이 급락하면 사고 싶어지나요? 반대로 급등할 때 사고 싶어지나요?"

나는 어떨 때 주식을 매수하고 싶은지 생각해보자. 대부분은 별 생각 없이 가격이 떨어질 때 살 것이라고 말하곤 한다. 하지만 진실은 그 반대다. 사람들은 주가가 올라가는 상황이 벌어질 때 더 사고 싶어한다. 왜 그럴까? 상승하는 상황에서는 오늘보다 내일 더 올라갈 것이라 기대하고, 반대로 하락할 때는 내일이면 더 떨어질 것이라 예상한다. 그래서 중앙은행의 목표는 물가안정이 아니라 '2% 물가상승'이다.

자본주의 경제에서는 자본이 활발하게 돌아야 한다. 우리 몸에서 피가 구석구석 흘러야 건강한 것과 같은 이치다. 돈이 흘러가기 위해서는 거래가 필요하다. 거래는 적당한 가격 상승이 있을 때 활발하고, 반대로 가격이 하락하면 줄어든다. 중앙은행이 물가안정을 최우선으로 한다면서도 2% 물가상승 목표치를 이루기 위해 노력하는 것도 이러한 인간의 본성을 정확하게 이해하고 있기 때문이다.

주식투자도 이와 정확하게 일치한다. 열심히 공부해서 어떤 종목을 매수하려고 기회를 엿보고 있다고 해보자. 그런데 주가가 매일 조금씩 하락하는 게 아닌가. '이 가격까지 내려오면 사야지' 하다가도 막상 그 가격이 오면 사지 못한다. 왜 그럴까? 내일 더 떨어질 것이라는 느낌이 들기 때문이다. 조금씩 오르고 내릴 때는 차라리 결정이 쉽다. 문제는 갑자기 거래량이 늘면서 주가가 급등 또는 급락할 때다.

그런 종목을 보고 있다면 추격매수 또는 추격매도를 하고 싶어서 안달이 난다. 이런 때는 반대로 하자. 남들이 사고 싶어할 때(가격이 급등할 때)는 일부를 팔아주고, 반대로 팔고 싶어할 때(가격이 급락할 때)는 일부라도 분할 매수를 하자.

필자는 이를 '좋은 사람이 되어 보는 것'이라고 말한다. 누군가 사고 싶어하니까 나의 물량을 일부 넘겨주고, 또 팔고 싶어하니까 받아주는 좋은 사람이 되는 것이다. 투자도 좋은 게 좋은 거라는 마음으로 하면 그만큼 수익률도 좋아질 수 있다.

다만 여기에는 중요한 조건이 하나 있다. 급등할 때는 일부를 팔면 되지만, 급락할 때는 점검해야 하는 것이 있다. 반드시 내가 오랫동안 연구하고 분석했던 종목이어야 한다. 그냥 누군가로부터 '카더라'라는 말만 듣고 선택한 종목은 실패할 수 있다. 소위 잡주의 경우 이렇게 급락할 때 최악의 상황이 펼쳐질 수 있다. 필자가 말하는 공감력을 발휘해야 할 종목은 재무제표나 사업구성 등에서 적어도 망하지 않을 회사가 기본 조건이다.

필요와 욕구를 구분해야 매매 실수를 줄일 수 있다

매매 실수를 줄이는 또 다른 방법은 자신과의 싸움에서 이기는 것이다. 공감력을 바탕으로 타인의 마음을 활용할 줄 알면서 자신의 감정을 컨트롤할 수 있다면 금상첨화다. 매도할 것인지, 아니면 보유할 것인지를 결정하는 것은 논리나 숫자와 같은 이성적 판단이나 설득이 아니다. 이는 결국 자신과의 싸움인데 이때 필요한 것이 '필요와 욕구'를 구분하는 것이다.

사람들은 건강에 관심이 많다. 건강한 삶을 위해 가장 많이 시도하는 것이 다이어트다. 일단 몸에 살이 찌면 면역력이 떨어지기 때문이다. 인간은 생존에 유리하도록 일단 본능적으로 영양소를 저장한다. 때문에 다이어트는 보통 어려운 일이 아니다. 이때도 우리의 똑똑한 뇌가 그것을 방해하는 데 앞장선다. 다이어트가 힘든 이유는 우리 뇌가 '필요와 욕구'를 구별하지 못하기 때문이다. 굳이 한 끼쯤 덜 먹어도 되는 상황에서도 뇌는 '배고프다'는 신호를 보낸다. 생존에 필요한 배고픔이 아닌데도 뇌의 충돌질에 속아서 계속 뭔가를 먹는 것이다.

주식투자에서도 뇌가 이와 비슷한 행동을 조장하곤 한다. 주가가 오르면 다시 떨어질 수 있으니 팔라고 유혹하고, 갑자기 떨어지면 지금 못 팔면 손실을 볼 수 있다고 부추긴다. 주식의 시세는 늘 오르내리기를 반복해서 그때마다 매수나 매도할 '필요'가 없는데 뇌가 나의 '욕구'를 자극한다. 이때 우리에게 중요한 것은 그것이 정말로 필요한지 확인하는 것이다.

주식시장에서 매도할 필요가 있는 경우는 크게 네 가지다. 첫째는 회사 자체적으로 중요한 변수가 있을 때다. 둘째는 거시경제 변수에 의해 어쩔 수 없이 동반 하락할 때다. 셋째는 지금 팔고 더 싸게 살 수 있을 때다. 마지막 네 번째는 현금이 없는데 내가 가진 종목보다 더 괜찮아 보이는 종목이 있을 때다. 이 네 가지 경우가 아니라면 내가 팔고 싶어 하는 것은 욕구일 뿐이다.

다이어트에 성공하려면 욕구를 이겨내야 하듯이 주식투자의 수익률도 마찬가지다. 현재 내가 갖는 있는 마음이 욕구라는 판단이 서면 일부 매도를 하든지, 아니면 시세창에서 눈을 떼야 한다. 수험생이 도서관에 갈 때 스마트폰을 집에 두고 가는 것과 마찬가지 이치다.

차트는 실전 매매에
어떻게
활용해야 하는가

차트는 과거의 기록이다. 그 패턴이 미래의 주가흐름을 예측하는 데 참고는 되겠지만, 그것을 활용하여 투자를 결정하는 것은 무모한 짓이다. 그러므로 차트를 그려가면서 어디가 저점이고, 어디까지 올라간다고 확언하는 주식 전문가들의 이야기는 무조건 배제하고 볼 일이다. 그럼에도 차트는 매매할 때 중요한 참조 사항이다. 중요한 것은 '참조'라는 단어다. 차트는 단지 보조 지표로 활용하자는 의미다.

모두가 알고 있는 사실은 이미 주가에 반영되어 있듯이 차트도 마찬가지다. 주식시장은 수많은 사람들의 심리가 제각각 반영되면서 어느 방향으로 흘러갈지 아무도 모르는 시장이다. 그러므로 차트는 절대적으로 믿을 게 아니라 어디까지나 참조할 사항이다.

RSI 지수로 과매수, 과매도 여부를 판단하라

필자가 가장 자주 활용하는 차트 지표는 RSI 지수다. 이는 주가의 기술적 분석에 사용되는 보조 지표인데, 이 지표를 활용할 때도 오랫동안 연구하고 충분히 검토한 주식에 한정한다. RSI Relative Strength Index는 '상대 강도지수'로 일정 기간 동안 주가가 전일 가격에 비해 상승한 변화량과 하락한 변화량의 평균값을 구해 상승한 변화량이 크면 과매수로, 하락한 변화량이 크면 과매도로 판단하는 방식이다.

주식을 매수하고 매도할 때는 이왕이면 저점에서 사서 고점에서 팔고 싶어한다. 현재 주가가 고점인지 저점인지는 시간이 지나봐야 안다. 그런데 시간이 지난 후에는 매수와 매도 시점이 이미 지나버릴 테니 의미가 없다. 그래서 미래를 고민할 때는 현재까지 흘러온 주가 추이를 분석해서 추론하는 방법이 가장 합리적이다. 그런 면에서 RSI 활용은 꽤 괜찮은 방법이다.

RSI 지수가 70이 넘어가면 분할매도 또는 미련 없이 전량매도하고, 반대로 좋은 종목을 발견했다면 RSI 지수가 30~40 근처로 내려올 때까지 인내심을 갖고 기다린다. 이 방식을 이용하면 큰 실수는 하지 않을 수 있다. 그렇다면 RSI 지수는 어떻게 구해야 할까? 여러분이 이용하고 있는 증권사 매매 시스템 차트 화면에 다 있으니 설정만 해두면 된다.

매수 시점을 고민할 때는 '주간 차트'를 살펴라

차트를 볼 때는 일간 차트 외에 '주간 차트'를 이용하는 방법이 있다. 주가는 기업이 좋아지고 있는 상황에서도 내릴 수 있고, 반대로 경영 여건이 나빠지는 상황에서 올라가기도 한다. 우리가 주목해야 할 시점은 주가가 내려갈 때다. 아무리 조사하고 수소문을 해봐도 기업에 특별한 문제가 없어 보인다. 회사에 전화해서 IR 담당자에게 취조 수준으로 질문했는데도 괜찮다고 한다. 또한 업계 상황과 거시경제 상황도 나쁘지 않다. 이런 기업은 분할매수 시점을 찾아야 한다.

그런데 내려가는 상황에서 주식을 매수하는 것은 웬만한 고수가 아니면 어렵다. 이런 때에는 주간 차트를 활용하는 것이 좋은 방안이 될 수 있다. 우리가 모르는 미래의 일이 주식의 가격을 결정한다. 계속 좋

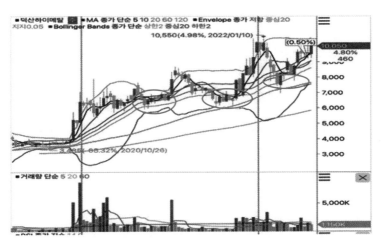

덕산하이메탈의 주가 차트(2020년 10월에서 2022년 1월까지).

아지고 있다는 생각이 들면 증시 참여자들은 누구나 언제쯤 추가매수를 해야 할지 고민하기 시작한다. 일간 차트상에서 지지선이 깨졌다면 무턱대고 매수하기도 힘들다.

이때는 주간 차트를 활용하자. 다른 사람들도 내 생각과 비슷하게 추가매수를 하려고 고민 중이라면 주간 차트를 주시하면서 대응할 가능성이 크다. 이렇게 누군가가 먼저 움직여서 추세가 만들어지면 그때부터는 반등의 강도가 강해진다.

이전 페이지의 차트는 필자가 지난 4월 유튜브 멤버십 회원들에게 같이 무상증자를 받아보자고 제안했던 '덕산하이메탈'의 주가 차트다. 이 회사의 주력 제품인 솔더볼은 반도체 패키징 부품 중 하나로, 최근 가장 핫한 심텍과 대덕전자 같은 PCB업체들의 활황으로 매출액 확대가 예상되었다. 솔더볼의 핵심재료인 주석(Sn)도 미얀마 제련소의 가동으로 가격경쟁력을 확보하고 있어 2022년부터는 매출 및 영업이익 개선을 기대하고 있다. 그런데 주가는 오르고 내리기를 반복하며 천천히 우상향 중이다.

필자는 동그라미 친 부분에서 계속 추가매수를 해왔다. 회사가 좋아진다고 확신하는 상황에서 주변 여건이 사실이라면, 주가는 내려가다가 과거의 반등 위치에서 반등을 반복하곤 한다. 주간 차트나 RSI 지표가 매번 100% 맞다고 보장할 수는 없지만, 알 수 없는 미래를 탐색하는 보조 지표로는 유용한 활용 수단이 된다.

버블의 유혹을
피하기 위해
알아야 할 것들

버블은 '투기'라는 단어를 연상시킨다. 언제든 터질 것이고, 터지고 나면 경제적인 충격이 발생한다는 것쯤은 누구나 다 아는 경제 상식이다. 그래서 다들 피하고 싶어한다. 문제는 상황이 발생한 당시에는 그것이 버블인지 아무도 모른다는 점이다. 그것이 버블이었는지 여부는 시간이 지나봐야 알 수 있다. 버블이 터지면 그곳에 모여들었던 돈은 갑자기 사라진다. 돈을 빌린 사람은 은행의 채무 압박을 피하지 못해 파산하고, 돈을 빌리지 않은 사람도 여윳돈이 사라졌기 때문에 소비를 줄여서 경제불황을 초래한다. 그래서 경제가 좋아지려면 '터지지 않는 적당한 버블'이 발생해야 한다.

버블은 터진 후에야 그 정체를 알 수 있다

어느 날 펑 하고 터지지만 않는다면 버블은 순기능도 한다. 하지만 인간의 심리가 이를 가만히 놔두지 않는다. 제어하지 못하기에 결국은 터지고 만다. 이런 버블은 자연에도 존재한다. 과수 농사에서 농민은 봄에 너무 많은 꽃이 달리면 그대로 두지 않고 적당히 남기고는 강제로 정리한다. 그냥 두면 열매가 많이 열려서 좋기는 하지만 가지가 부러지거나 열매에 충분한 영양분을 주지 못해 상품성이 나쁜 과일을 수확할 수 있기 때문이다. 이것 또한 자연상의 버블이라고 할 수 있다.

주식투자에서 버블이 일어나는 시점은 너무 많은 사람이 사려고 몰려들 때와 반대로 너무 많은 사람이 매도하려고 할 때다. 이를 과매수와 과매도 상황이라고 표현한다. 너무 많은 돈이 몰려왔으니 가격은 가치 이상으로 상승하게 되고, 더 많은 돈이 따라오지 못하는 순간 버블은 터지게 된다.

반대로 어느 순간부터 가격이 더 이상 오르지 못하고 슬금슬금 하락하기 시작하면 사람들은 내일 더 떨어질 것이라 생각하고 갑자기 매도하기 시작한다. 모두가 팔려고 덤벼들었으니 충분히 떨어질 때까지 아무도 사지 않으려 한다. 그러면 다시 그 가격은 과매도가 되고, 그 시점을 지나면 주가는 어느 정도 안정을 찾게 된다.

당연히 주식투자에서 이런 버블은 피하면 좋다. 하지만 버블은 항상 터진 이후에나 버블이었음을 알 수 있기 때문에 피하는 게 말처럼 쉽지 않다. 그렇다면 어떻게 해야 이런 버블에 휩쓸리지 않을 수 있을까? 먼

저 왜 버블이 생기는지부터 이해해야 한다. 병을 치료하기 위해 원인을
알아야 하는 것과 같은 이치다.

버블은 어떻게 만들어지는가

요즘 국제 원유 가격이 급등 중이다. 팬데믹 이후 최근에 수요가 급증
했는데 러시아의 우크라이나 침공으로 인해 공급량이 축소되었기 때문
이다. 아래 그래프는 2000년부터 현재까지 WTI 가격 추세를 보여준다.

2000년 초 20달러까지 하락했던 유가는 2008년 150달러를 기록했
었다. 한동안 안정세를 보이던 국제유가는 올해 들어 전쟁을 이유로 다
시 급등하는 흐름을 보여주고 있다. 그런데 이런 가격을 좌우하는 것이

WTI의 가격 추세(2000년부터 2020년 4월까지).

출처: stockcharts.com

우리가 교과서에서 배운 수요와 공급의 차이라고 생각한다면 이 상황을 잘못 이해하게 된다. 정말 석유 가격이 올랐을 때 수요가 급증했고, 반대로 하락했을 때 수요가 줄어서 가격이 큰 폭으로 변동된 것인지 살펴볼 필요가 있다. 도대체 무슨 이유 때문에 이런 일이 발생하는 것인가?

아래 그래프는 글로벌 석유 소비량을 나타낸 것이다. 1980년대 초반 아랍전쟁 이후 석유 소비량은 꾸준히 증가해왔다. 2020년 초반 팬데믹 영향으로 감소했다고 하지만 이 또한 아주 크게 줄어든 것은 아니다. 2008년 유가가 급등했을 때도 수요가 급격히 늘지 않았고, 그 이후 팬데믹 직전까지 배럴당 40달러를 기록하고 있었을 때도 수요는 꾸준하게 늘고 있었다.

이처럼 가격은 수요량과 공급량의 차이로 인해 등락을 거듭하는 것이 아니다. 그것은 늘어난 돈의 양인 '통화량'과 관계가 있다. 통화량이

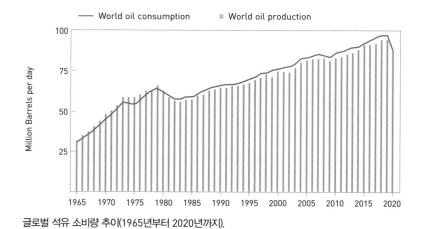

글로벌 석유 소비량 추이(1965년부터 2020년까지).

출처: the author using BP(2021) data

많으니 투기 세력들이 몰려들어 분위기를 만들고 저런 식으로 가격을 올렸다 내렸다가 하는 것이다. 이로 인해 과매수, 과매도 구간이 형성되고 우리는 이를 버블이라 부른다.

과매수, 과매도 영역을 파악하라

이러한 현상은 석유를 비롯한 원자재에만 존재하는 것이 아니다. 부동산과 비트코인 그리고 주식시장에도 매번 존재하는 현상이다. 통화량이 늘어나면서 자산시장에 들어온 돈은 아래 그래프처럼 특정한 시기에 과매수 영역을 만들고, 반대로 그 유행이 사라지면 과매도 상황이 벌어지게 된다. 이런 과매도, 과매수 상황은 일정한 주기로 계속 반복된다. 마치 사계절이 반복되는 것과 같은 현상이다. 그만큼 자주 목격된다는 것이다.

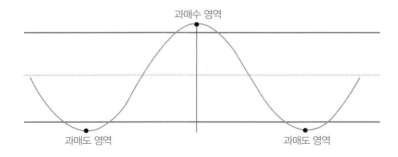

통화량에 따른 과매수, 과매도 추이.

현재 석유 가격이 비정상적이라는 것은 누구나 알고 있다. 그럼에도 불구하고 많은 사람이 몰려들어 과매수를 연출하는 것은 단기적인 트레이딩을 통해서 수익을 거둘 수 있다고 자신하기 때문이다. 투자자라면 과매도 영역에서 투자하고 기다리지만, 트레이더들은 시세가 나오는 곳에서 스윙매매를 통해 계속 이익을 취할 수 있을 것이라 생각하면서 몰려든다. 버블은 이렇게 생기는 것이다.

물론 주변 상황도 이를 부추긴다. 언론에서는 관련 종목이나 ETF가 급등 중이라고 뉴스를 내보내고, 러시아 원유에 대해 유럽국가들이 수입을 중단할 경우 더 오를 수 있다고 전망한다. 영화관에서 화재경보가 울려도 다른 사람들이 가만히 있으면 그들을 따라 나 역시 가만히 앉아 영화를 보게 된다. 이처럼 이번에는 모두가 원유 관련 투자로 몰려드니 나도 함께해야 할 것 같다. 다시 언급하지만 시세가 뉴스를 만드는 것이지, 뉴스가 시세를 올리지는 못한다. 가격이 올라 있다는 이유로 관련 뉴스가 나오는 것뿐이다. 이런 상황에서는 스스로에게 물어봐야 한다. 이미 많이 오른 가격이지만 투자자가 되어 1년 후를 내다볼 수 있다면 지금 당장 참여해도 된다. 하지만 만약 확신이 생기지 않는다면 단념하는 것이 좋다. 몇 푼의 수익을 보려다가 잘못하면 10년은 지나야 원금을 회복할 수 있는 것이 버블이기 때문이다.

여러 번 강조하지만 돈이 없을 뿐 종목은 셀 수 없이 많다. 향후 시세가 걱정될 때는 외면하는 것도 용기다. 그래야 살아남을 수 있다. 일단 살아남아야 다음 투자를 할 수 있고 수익을 기대할 수 있으니 말이다.

최고의
매매 방법은
무엇일까?

"경제를 이해하는 데 도움이 되는 책 한 권 소개 부탁드립니다."

필자가 경제 관련 책을 집필한 작가임에도 불구하고 이런 질문에는 대답하기가 참 어렵다. 아마도 학창 시절 참고서를 사용하던 문화에 익숙해서 하는 질문일 것이다. 시험 준비를 하면서 학원 수업이나 교재 한 권으로 준비를 했던 경험은 누구에게나 있다. 그러나 경제는 정답이 있는 시험이 아니다. 심리의 문제이고, 철학이며 자연이고, 사람과의 관계이자 정치일 수 있다. 경제는 사람이 살아가는 사회에서 먹고사는 모든 문제와 연관되어 있으니 책 한 권으로 설명할 수 없는 영역이다.

'키다리 아저씨' 매매만큼 좋은 방법도 없다

"이 종목, 지금 매수해도 될까요? 매수했는데 얼마에 팔면 되죠?"

이런 질문도 마찬가지로 대답하기 참으로 난감하다. 필자는 이럴 때 농담으로 "미래를 내다보는 수정구슬을 구하면 그때 연락드릴게요."라고 답하곤 한다.

그럴 수밖에 없는 게 필자도 '그때'를 정확히 모르기 때문이다. 아마 수천 번 매매를 해도 정답을 모를 것이다. 팔면 오르고, 사면 내리는 상황은 피할 수 없는 숙명이다. 만약 주식을 사고파는 정확한 시점을 맞힐 수 있다고 생각한다면, 그것은 모든 투자자들의 마음을 꿰뚫어볼 수 있다는 것인데 한마디로 불가능한 일이다. 최저점에서 매수해서 최고점에서 매도한다는 생각 자체를 버려야 한다. 그것은 신조차 맞힐 수 없는 영역이다. 그저 시행착오를 통해서 자신만의 노하우를 쌓아나가는 것만이 최선의 매매법이다.

필자가 갖고 있는 방법은 두 가지다. 첫 번째 방법은 매도 후에는 곧바로 관심종목에서 삭제하고 검색하지 않는 것이다. 물론 매도 후에도 가격이 궁금할 때는 많다. 하지만 참는다. 가격이 상승하면 속상함을 피할 수 없으니 차라리 보지 않는 방법을 택하는 것이다.

두 번째 방법은 '키다리 아저씨' 매매법이다. 매수하려고 할 때는 이왕이면 비싸게 사준다는 생각으로 한 호가 위에서 사고, 팔 때는 '내 주식을 받아준 사람도 수익을 냈으면 좋겠다'는 심정으로 매매한다. 손절이든 익절이든 주식을 팔 때는 이왕이면 그 주식이 더 잘됐으면 하는 생각으로 자신을 다독이는 것이다.

세상은 누군가가 잘되길 바라는 사람에게 좋은 기운을 전해준다고 믿는다. 순전히 나 혼자 선하게 사는 척하는 것이다. 그럼에도 기분이 좋으니 이를 성공한 전략이라 믿으며, 필자는 오늘도 키다리 아저씨 매매를 한다.

손절매,
이때만큼은
꼭 해야 한다

인간은 본능적으로 이익보다 손실에 민감하다. 노벨경제학상 수상자인 대니얼 카너먼Daniel Kahneman 프린스턴대학 교수는 인간의 '손실회피성'을 설명하면서 1만 원을 잃었을 때의 상실감과 2만 5,000원을 얻게 되었을 때의 기쁨이 대략 비슷하다고 말한 바 있다. 이런 본성은 주식투자에도 고스란히 작용한다.

그래서 손절매가 어려운 것이다. 손절매를 하느니 차라리 안 보는 것이 낫다고 생각한다. 당연하다. 일단 팔지 않았으니 손실을 확정지은 것은 아니므로 덜 괴롭다. 지금까지 기다렸는데 내가 팔자마자 오른다면 그건 더 최악이다. 그때의 속상한 마음을 어떻게 감당할 수 있겠는가.

언젠가는 오를 수 있으니 그 돈은 없다고 생각하며 살자고 다짐하는 게 마음 편하다. 실제로 그렇게 살다가 손실을 만회한 적도 있다. 그러나 앞서 필자가 '수익은 운이고, 적게 잃는 것이 실력'이라고 말했듯이 잃지 않거나 적게 잃기 위해서 반드시 필요한 것이 '손절매'다.

상승미소의 손절매 다섯 가지 원칙

너무 자주 체념하며 손절매하는 것도 문제지만 반드시 손절매가 필요한 시점에 결단을 내리지 못하는 것은 더 큰 문제다. 이렇게 어려운 손절매를 꼭 해야 하는 이유에 대해 이론적으로 설명해봤자 그것은 어디까지나 이론에 불과하다. 이런 문제를 해결하기 위해서는 원칙을 세워야 한다. 원칙을 매뉴얼로 만들어두고 그것을 기계적으로 지켜가는 습관을 기르면 그때마다 감정이 개입되어 다른 판단을 할 여지가 적어진다. 필자가 생각하는 손절매 원칙은 다음과 같다.

별다른 이유 없이 10% 이상 급락하면 무조건 50% 매도한다

주식의 미래 가격은 우리가 모르는 것에 의해 결정된다. 우리가 알고 있는 모든 내용은 이미 가격에 반영되어 있다. 주가가 상승한다면 우리가 모르는 호재가, 반대로 하락한다면 우리가 모르는 악재가 반영되고 있다고 믿어야 한다.

손실이 난 종목의 경우 안 팔고 있다가 급등해도 기껏해야 본전이다.

문제는 급락한 이후에 악재가 나와서 모두가 다 팔자고 나설 때다. 10% 이상 급락하면서 거래량이 크게 늘 때는 일단 '모르는 것'을 의심해야 한다. 물론 내 판단 실수로 팔고 나니 주가가 다시 올라갈 수 있다. 어떻게 미래를 알 수 있겠는가? 그래서 50%를 정리하자는 것이다. 일단 위험을 줄이고 봐야 추후를 기약할 수 있다.

악재가 '미래의 수익성'에도 영향을 줄 수 있을 때

주가가 별다른 이유 없이 계속 하락하던 중 그 하락을 납득시켜줄 만한 악재 뉴스(또는 공시)가 나오는 경우가 있다. 앞서 사례로 들었던 현대자동차의 대손충당금 뉴스처럼 주가 하락의 이유를 뒷받침할 만한 뉴스가 나왔을 때. 만약 그 악재가 과거뿐만 아니라 미래에도 계속해서 영향을 줄 수 있다면 무조건 일부 손절매해야 한다. 반대로 금액의 크고 작음에 상관없이 일회성 재료라면 버텨야 한다. 뒤늦게 투매에 동참하는 것이 가장 바보 같은 일이다.

지금 매도하고 나중에 더 낮은 가격에 살 수 있다는 확신이 들 때

주식투자는 미래에 대한 투자다. 투자자는 내가 지금 매수하는 종목의 가격이 미래에 더 오를 것이라는 기대로 사는 것이다. 하지만 미래는 아무도 알 수 없다. 지금 알고 있는 지식을 기반으로 앞으로 더 좋아지고 더 많은 사람이 사고 싶어할 것이라 예상하면 매수하고, 그 반대라면 매도해야 한다. 이렇게 미래에 대한 투자는 항상 불확실하다. 그러므로 주식을 매매할 때는 오로지 자신의 판단을 믿고 갈 뿐이다.

하지만 이렇게 철석같이 믿으며 투자했던 종목에 대한 신뢰를 유보해야 할 때도 있다. 거시경제 변수가 좋지 않아서 지수가 계속 하락할 것이 예상되거나, 좋아질 것이라 믿었던 재료가 별다른 호재가 아니었음이 판명될 때다. 이때는 손절매를 고민해야 한다. 다음에 더 낮은 가격에 살 수 있을 거라는 확신이 있다면, 자신을 믿고 일부라도 매도해서 향후 기회를 기다리는 것도 좋은 매매전략이다.

다른 종목에서 더 높은 수익이 기대될 때

필자는 가끔 주식투자를 전쟁에 비유하곤 한다. 전쟁에서 승리하기 위해 전략상 특정 전투에서는 져주는 것도 전략인데 이는 전쟁 역사에서 자주 목격되는 장면이다. 주식투자라는 전쟁에서 승리하는 것은 모든 종목에서 무조건 이기는 것이 아니라, 전체 잔고에서 플러스 이익을 내는 것이다. 전체 잔고의 수익을 위해서는 가끔 전투에서 져주는 일보 후퇴 전술도 필요하다.

주식시장은 유행처럼 테마가 돌고 돈다. 반도체 테마가 오면 반도체 생산업체의 주가만 올라가는 것이 아니다. 장비주와 소재주로도 매수세는 계속 이어진다. 만약 특정 테마의 끝물에 참가했을 경우에는 해당 회사가 계속 좋아지고 있다고 해도 상당 기간 가격의 하락 조정은 피할 수 없다.

만일 돈이 충분하면 버티면서 새로운 테마의 흐름에 편승하는 것도 방법이다. 문제는 돈이 없을 때다. 이럴 때는 어쩔 수 없이 일부 손절매를 통해 새로운 테마에 올라탈 자금을 마련해야 한다. 전쟁에서 이기기 위해 어느 한 전투에서는 져주는 전술이 필요한 것처럼 말이다.

끝까지 살아남기 위한 전략이 필요할 때

"확신이 생기면 그때 결정하겠다." 어떤 선택을 앞두고 사람들은 습관처럼 이렇게 말하곤 한다. 주식투자는 미래의 가능성을 주어진 정보를 통해 추정하는 일인데 그 확신은 어떻게 생기는 걸까? 자신을 믿고 스스로 결정할 수밖에 없다.

필자가 50% 또는 '일부' 매도 전략을 쓰는 것도 미래를 확신할 수 없으니 만일을 대비하자는 의미다. 나의 판단이 잘못되었을 때 속상함과 손해는 나머지 절반의 주식으로 대비하자는 것이다. 주식시장에서는 이기는 것보다 살아남는 것이 중요하다. 살아남아서 버티고 있으면 잡주가 아닌 이상 결국 경제가 회복되면서 주가는 다시 올라간다. 버티기 위해서는 위험에 대비하는 전략이 중요하다. 그 전략이 바로 손절매다.

손절매 50%가 어렵다면 30%도 좋고, 10%도 좋으니 일단 조금이라도 해보자. 시행착오를 통해서 효과를 경험하면 용기가 생기고 확신을 가질 힘도 생긴다. 작은 성공의 경험이 자존감을 높여줄 수 있는 것은 주식투자도 마찬가지다. 아무 선택도 하지 않으면 결코 앞으로 나아갈 수 없다. 주식투자도 인생도 마찬가지다.

왜 분할매수와
분할매도가
답인가

세상을 살다 보면 논리적으로는 충분히 이해되지만 현실에서는 그렇지 않은 경우가 많다. 특히 사람의 마음이 그렇다. 우리는 종종 전혀 납득할 수 없는 행동을 하고 있는 자신을 발견하곤 한다. 주식시장에서도 이러한 비합리적인 상황은 자주 연출된다. 주식투자의 성과는 결국 매수와 매도의 행위로 나타나는데, 그 행위를 결정하는 것은 사람의 마음이기 때문이다.

주식투자자들 중 이익을 확대하고 손실을 줄이는 가장 좋은 방법이 '분할매수'와 '분할매도'라는 것을 모르는 사람은 거의 없을 것이다. 다 알고 있지만 가장 어렵고 안 되는 것이 바로 이것이다. 도대체 분할매수와 분할매도가 왜 그렇게 힘든 일인지 그 이유를 먼저 알아보자. 원인을 알아야 해법도 생각할 수 있다.

분할매수와 분할매도가 어려운 이유

첫 번째 이유는 마음이 아닌 '눈'이 결정을 주도하기 때문이다. 특정 종목을 매수 혹은 매도하려고 마음먹으면 그때부터 주가의 등락을 뚫어지게 보게 된다. 조그만 움직임에도 더 많이 오를 것 같고, 더 많이 떨어질 것 같은 생각이 들면서 상황에 민감하게 반응할 수밖에 없다. 이처럼 사거나 팔려고 마음먹는 순간부터 결정은 마음이 아니라 눈이 주도하게 된다.

이러한 문제를 피하기 위해서는 시스템을 이용해야 한다. 특정 종목을 사거나 팔기로 마음을 먹었다면 예약 시스템을 통해 원하는 가격대에 미리 주문을 해두자. 그래야 눈과 마음의 변덕을 피할 수 있다. 이때도 분할매수와 분할매도를 해야 후회가 적다. 다시 되새기자. 저가와 고가를 맞힐 수 있는 사람은 아무도 없다.

두 번째로 '돈이 없지 종목이 없냐' 정신을 잊었기 때문이다. 주식투자의 가장 큰 적은 눈이고, 눈은 시세 변동이 심할 때 실수를 하게 된다. 살까 말까 고민 중인데 급등하면 십중팔구 추격매수를 하고, 반대로 팔려고 마음먹고 있는 상황에서 하락을 시작하면 추격매도하다가 손해를 확대하게 된다.

분할매수와 분할매도, 일단 한번이라도 시도해보자

매수를 고민 중인데 갑자기 급등하면 '돈이 없지 종목이 없냐'를 딱 한 번만 외쳐보자. 세계는 넓고 할 일은 많은 것처럼 많고 많은 것이 종목이다. 한 번만 참아내면 두 번째는 쉽다. 매도할 때도 마찬가지다. 팔려는 순간 급락하면 떨어지는 공포에 몸을 맡기지 말고 심호흡을 크게 하자. 한여름에 천둥번개가 친다고 해서 그것이 매일 지속되지 않는 것처럼 급락과 급등은 결국 그 시기만 잠깐 지나면 잦아든다. 종목에 따라 적어도 50% 정도는 등락을 거듭한다. 지금 커다란 악재가 발생하여 주가가 떨어지는 것이 아니라면 결국 시세는 회복이 된다는 것을 믿고 때로는 외면하면서 참아낼 수 있어야 한다.

분할매수와 분할매도가 어려운 이유를 알았으니 이제는 해법을 제시할 수 있을까? 안타깝지만 해법은 결국 자신에게 달려 있다. 결국 이것은 투자를 하는 내내 자신과 싸워서 해결해야 하는 영원한 숙제다. 이는 필자 또한 마찬가지고, 투자의 신이라고 하는 그 어떤 사람도 피해갈 수 없는 딜레마다.

우선 단 한 번이라도 해보는 것이 중요하다. 그 결과가 어떤지 스스로 체험하면 두 번째는 심리적 부담감이 훨씬 덜해진다. 무엇보다 분할매수 분할매도 시 예약 시스템을 활용하면 번번이 갈등하는 부담을 줄일 수 있다.

'주린이'가 아닌
주식투자의 '백조'가 되자

평소 필자는 말할 때 단어 선택이 중요하다고 강조한다. 가령 누군가가 "꼭 이룰 수 있도록 노력하겠다."는 말을 하면 "꼭 이루어내겠습니다."로 바꾸자고 권한다. 말은 뇌에 무의식적인 암시를 주어서 우리도 모르는 사이에 내 삶을 그 방향으로 인도하기도 한다.

갑자기 왜 말에 대해 이야기할까 의아스럽겠지만 다 이유가 있다. 바로 '주린이'라는 단어도 사용하지 말자고 권하고 싶어서다. 주린이는 '주식+어린이'를 합쳐 파생된 말로 주식 초보자를 일컫는 신조어다. 필자는 이 단어를 싫어한다. 자신을 주린이라고 부르는 순간 그 말 때문에 결국 '주린이'로 남게 될 가능성이 높아지기 때문이다.

뭔가를 이루기 위해서는 이미 이루었다고 생각하라는 식의 거창한 말을 하려는 게 아니다. 생각이나 태도에 대해 말하는 것이다. 주린이라는 단어를 쓰면 스스로를 합리화하기 시작한다. 잘 몰라도, 같은 실수를 반복해도, 공부를 하지 않아도 '나는 주린이니까'라며 책임을 회피한다. 이런 이유들로 필자는 그 단어를 사용하지 말라고 강요(?)까지 하는 것이다.

우리가 어렸을 적에 읽었던 동화 《미운 오리 새끼》를 떠올려보자. 자신을 오리라고 생각하며 살던 백조는 자신이 백조라는 것을 아는 순간, 진짜 백조가 되었다. 사실 변한 것은 아무것도 없었다. 단지 '내가 나를 어떻게 생각하느냐' 하는 인식의 문제였다. 여러분도 이미 주식투자의 백조일 것이다. 다만 스스로 백조라고 생각하지 않고 '난 주린이인데 뭐'라며 최면을 건 채 노력하지 않을 뿐이다.

하지만 이 책을 읽는 독자들은 이미 주식투자의 백조다. 백조처럼 행동하면 반드시 성공할 것이라고 확신한다. 그럼 언제까지 백조처럼 행동해야 할까? 진짜 백조가 될 때까지다.

이 책은 필자가 주린이에서 백조가 되기까지 숱한 시행착오 끝에 얻은 것들을 독자들과 공유하며, 함께 성장해갔으면 하는 바람으로 쓰게 되었다. 우리가 알고 있는 지식은 5%에 불과하고, 모르는 지식도 5%다. 나머지 90%는 무엇을 모르는지조차 모르는 것들이다.

주식투자는 그렇게 모르는 것에 대한 탐험과 연구에서 시작한다. 아는 만큼 보이는 것이 세상이고, 경험한 만큼 느끼는 것이 주식투자다. 나의 이런 경험을 여러분과 함께 나누며 삶을 한 단계 발전시켰으면 하는 기대를 한 글자 한 글자에 꼭꼭 눌러 담았다.

〈특별부록〉

상승미소의
2023년 투자 아이디어

주식시장이 혼돈에 빠져 두려울수록

투자자는 미래의 수익을 안겨줄 '점'을 찾아

선으로 연결하는 상상력을 발휘해야 한다.

이제 소개할 두 기업은 어떤 새로운 그림으로 완성될지

독자 여러분들과 함께 상상해보고 싶다.

KT, 고배당에
장기 성장성까지
장착하다

KT의 핵심 비즈니스는 유무선 전화 사업이다. 그런데 이 사업은 '인구 비즈니스'에 해당한다. 즉 인구가 증가해야 가입자가 늘어나면서 성장성이 지속될 수 있다는 의미다. 그런데 한국 사회는 급속한 노령화로 인해 유선과 무선전화 가입자 숫자는 이미 한계에 직면해 있다. KT는 이를 타개하기 위해 그동안 주요 전화국 부지를 개발하거나 클라우드 사업 및 중소기업 비즈 설루션 등으로 사업 구조조정을 모색 중이었다.

하지만 이렇게 사업 구조를 변화시킨다고 해도 KT의 핵심은 유선과 무선전화 통신료다. 영업이익의 많은 부분이 이 통화료에서 나오고 있는 구조인 것이다. 그렇다면 KT의 주가는 가입자 숫자 확보를 어떻게 해결해내느냐에 따라 향후 상승할 것인지, 아니면 하락할 것인지가 결정될 가능성이 높다. 인구 유입을 늘리는 것 등의 정책은 정치적인 문제와도 연결되어 있어 기업이 해결할 수 있는 사안이 아니다. 그렇다면 KT의 성장성은 한계에 부딪힌 게 아닐까?

왜 KT가 로봇 관련주인가

요즘 웬만한 대형 식당은 서빙 로봇을 활용하고 있다. 음식점뿐만 아니라 호텔 등 최근에는 사용처가 확대되는 추세다. 이런 추세는 앞으로 가속화될 것이다. 자영업자들의 입장에서는 인건비를 줄일 수 있고, 손님들의 노동력까지 자연스럽게 사용할 수 있으니 1석 2조의 효과를 누리는 셈이다.

필자는 2021년 4월에 처음으로 서빙 로봇을 보았다. 그런데 대부분의 서빙 로봇 사업은 KT와 같은 이동통신사가 주도하고 있다. 그 이유는 로봇이 한 대의 스마트폰이기 때문이다. 로봇은 통신칩에 의해 자율주행을 하고 있는 셈이다. 영화에 나오는 로봇처럼 스스로 움직이는 게 아니라 KT와 같은 통신네트워크를 통해 움직인다.

아이패드를 생각해보자. 이 기기를 사용하기 위해서는 통신료를 내야 한다. 물론 와이파이를 통해서 연결이 가능할 수도 있다. 그러나 원활한 통신을 위해서는 이동통신망을 사용해야 한다. 서빙 로봇도 아이패드처럼 통신기기에 이동 수단을 얹어둔 것이다. 당연히 이를 사용하기 위해서는 KT와 같은 이동통신사에 통화료를 내야 한다.

사물과 사물, 사람과 사물이 통신하는 사물인터넷Internet of Things, IoT시대에 각각의 주체가 모두 KT의 고객이 된다. 로봇 임대료만 받는 게 아니라 통신료 수입을 덤으로 얻는다. 그런데 이런 로봇의 사용이 식당이나 호텔 등에만 국한될까? 그렇지 않다. 분명 공장이나 사무실로 확대될 것이다. 인건비가 상승하고, 인간이 기피하는 일자리는 점점 더 많아지는 시대가 이미 우리 앞에 와 있다. 인간이 사용하는 이동통신보다 로봇을 비롯한 사물이 사용하는 이동통신의 숫자가 더 많아질 가능성도 배제할 수 없다.

배당수익률 5%만으로도 KT는 충분히 매력적이다

이렇게 로봇이 도처에서 사용되면 KT는 이제 이들의 데이터도 활용할 수 있게 된다. 데이터가 쌓이면 로봇의 기능은 더 좋아질 뿐 아니라더 확대될 수 있다. 지금은 주인과 손님의 역할 매개체로 한정되어 있지만 데이터의 확보를 통해 기능이 발전하면 손님 대 손님, 손님에서 주인으로의 반대 역할까지 맡을 수 있다. 또한 사용자가 이들 로봇에 길들여지게 되면 KT는 가격 인상을 통해 성숙기 시장을 만들어갈 수도 있다.

이를 통해 다양한 서비스는 덤으로 만들어질 수 있으니 향후 KT의 성장세는 기대해도 좋을 것이다.

또한 2021년 12월 말 기준으로 KT는 주당 1,910원씩 현금배당을 했다. 2022년 5월 20일 종가가 35,950원이므로 현 주가 대비 배당수익률은 5.3%에 이른다. 배당은 덤이고 향후 성장세까지 감안하면 장기투자종목으로 손색이 없다. 이렇게 KT에 장기투자를 결정했으면 이동통신이나 집 안의 케이블 TV 등도 KT로 전환하는 것은 필수다.

왜 현대자동차와

기아에

주목해야 하는가

※ 2022년 8월 16일 한국경제TV 뉴스는 현대차의 자율주행 사업부의 분사 가능성을 단독으로 보도했다. 만약 이 뉴스가 사실로 확인될 경우에는 상당한 주가하락이 나올 수도 있다는 점을 꼭 주의하기 바란다. 투자를 고려 중인 독자가 있다면 회사측에 공식 확인 절차를 밟을 필요가 있다.

이 두 종목에 주목하는 이유는 전기차의 미래에 대한 생각 때문이다. 전기차의 대표주자는 단연 테슬라다. 테슬라의 2022년 5월 말 시가총액은 6,800억 달러로 무려 현대자동차의 25배가 넘는다. 그러나 매출액과 전체 차량 판매 대수를 따지면 현대자동차가 테슬라보다 뛰어나다.

다음 페이지의 그림은 〈머니투데이〉에서 지난 2022년 4월 28일 보도한 내용이다. 매출액, 판매 대수를 비교하면 현대자동차가 좋지만 시가총액은 테슬라의 4% 이하다. 테슬라의 시총이 이렇게 높은 것은 미국 기업이라는 할증 때문이기도 하지만 핵심은 '데이터'와 '플랫폼'으로서의 가치에 있다.

테슬라와 현대차, 기아 비교

구분	1분기 매출	차량 판매 대수	시가 총액
테슬라	23조 6,788억 원	31만여 대	약 1100조 원
현대차	30조 2,986억 원	90만 2,945대	39조 9,560억 원
기아	18조 3,572억 원	68만 5,739대	33조 8,478억 원

전기차 플랫폼 E-GMP 개발 전후, 현대자동차그룹의 운명은 바뀐다

현대자동차그룹은 지난 2021년 1월부터 전기차 생산을 시작했다. 전기차 플랫폼인 E-GMP를 개발해 하나의 생산플랫폼을 적용하면서 본격적인 전기차 시대를 연 것이다. 그런데 전기차 생산을 시작하기 전에 현대자동차의 향후 기업 성장의 방향을 말해주는 두 건의 중요한 언론 보도가 있었다. 그중 하나가 '기간통신 사업자' 등록에 대한 것이다. 현대자동차가 대기업 문어발식 경영을 하는 것도 아닌데 알뜰폰 사업자와 같은 기간통신사업을 한다는 것이다.

> **연합뉴스**
> ## 현대·기아차 기간통신사업자 등록...융합서비스 기반 마련
> 정윤주 입력 2020. 09. 10. 12:00 댓글 0개

두 번째는 네이버와 전략적 제휴를 발표한 것이다. 기간통신 사업에 이어 네이버와 모빌리티 사업에서 손을 잡겠다는 의미다. 이 두 건의 기

사는 E-GMP 기반의 전기차를 본격적으로 생산하기 직전에 나왔다.

The JoongAng

네이버 검색·3D지도·웹툰, 현대차 커넥티드카서 다 된다

심서현 입력 2020. 11. 30. 00:03   수정 2020. 11. 30. 06:23   댓글 0개

두 회사 모빌리티 사업 손잡기로
네이버 IT플랫폼 이용 새 서비스
현대차 인재영입 이어 회사간 협력
플라잉카·로봇 분야로 확대될 듯

여기서 중요한 것은 '현대자동차가 왜 이러한 사업을 하려고 하는가' 를 이해하는 것이다. 경제적 창의력은 무에서 유를 찾는 것이 아닌, 흩 어진 점을 찾아 이어서 남이 보지 못하는 것을 볼 수 있는 것이라 했다.

현대자동차그룹의 전기차 생산은 전기차 플랫폼 E-GMP 개발 전과 후로 완전히 나뉜다. 사실 현대자동차그룹은 2020년 1월 전부터 전기차 를 생산해왔다. 그러나 시스템은 완전히 달랐다. E-GMP 플랫폼이 나 오기 전 전기차는 기존 내연기관차를 적당히 수정한 후 생산한 것이다.

특히 전기차가 꿈꾸는 최종 목적은 완전자율주행이다. 이는 서버와 의 빠른 통신이 관건이다. 그런데 과거 내연기관차를 적당히 개조해서 만든 전기차의 네트워크는 구리선이다. 구리선으로는 자율주행을 꿈꾸 는 것이 불가능하고 대량생산은 언감생심이다. 그러나 E-GMP 기반은 다르다. 광통신을 통한 차량 내부 네트워크 구조를 가지고 있기 때문에 대량생산이 가능하다. 테슬라가 이미 실현하고 있는 방향을 향해 현대

자동차도 본격적으로 가고 있는 것이다.

현대자동차는 전기차가 아니라 '모바일 통신기기'가 된다

결국 현대자동차의 전기차도 KT의 서빙 로봇처럼 차량 한 대가 각각의 통신기기가 된다. 차량을 생산할 때부터 통신칩을 설계한 후 내장해서 향후 통신료를 받게 되는 것이다. E-GMP 기반의 진짜 전기차는 수년이 지나면 수십만 대를 넘어 백만 대로 확대될 수 있다. 이미 국내 전체 자동차의 70%가 현대자동차 브랜드니 생산설비가 확충되면 곧 이루게 될 꿈이다. 그렇게 되면 자율주행과 함께 현대자동차는 모바일 통신기기가 된다.

자율주행차 안에서 여러분은 무엇을 하게 될 것인가? 더 이상 스마트폰 화면을 들여다볼 이유가 없다. 차량 앞뒤에 있는 커다란 모니터를 통해 게임도 하고 쇼핑도 하게 될 테니 말이다. 그때가 되면 현대자동차는 새로운 플랫폼이 된다. 마치 애플의 스마트폰에 구글의 검색엔진을 넣기 위해 수억 달러의 요금을 지불하듯이, 현대자동차 내부 플랫폼에 자사의 서비스를 넣기 위해 수많은 게임, 쇼핑, 포털업체들이 현대자동차에 요금을 지불해야 할 가능성도 커진다.

물론 필자가 꿈꾸는 미래까지 현대자동차가 달리려면 꽤 많은 시간이 걸릴지도 모른다. 우선 한 해에 1만 여 대밖에 생산하지 못하는 전기차 생산을 확대해야 하고, 실시간 업데이트를 위한 OTA 기능도 추가해야 한다. 그러나 미래는 생각보다 빠르게 다가온다. 이미 테슬라가 보여준 길이니 결국 만나게 될 것이다. 현대자동차를 테슬라의 경쟁 상대로 생각하지 말라고 열을 올리는 이들도 있겠지만, 전 세계 모든 전기차가 테슬라일 수는 없다. 현대자동차도 글로벌 점유율이 높기 때문에 엄연히 현대자동차만의 시장이 존재한다. 국내는 당연하고 유럽과 아시아 지역이 주 무대가 될 것이다.

KT와 마찬가지로 현대자동차그룹 역시 미래를 염두에 두고 투자를 해야 할 기업임에 틀림없다. 물론 현재는 이런 미래 비전이 밸류에이션에 추가되지 않고 있다. 그러나 언젠가는 시장이 그 '점'을 보게 될 것이다. 그렇게 되면 현재 테슬라의 4% 수준이 아닌 적어도 10% 이상의 가치를 인정받게 될 수도 있다.

INVESTMENT AND SENSE